Nils Böckler | Jens Hoffmann

VON HASS ERFÜLLT

Nils Böckler | Jens Hoffmann

VON HASS ERFÜLLT

Warum Menschen zu Terroristen und Amokläufern werden

mvgverlag

Bibliografische Information der Deutschen Nationalbibliothek
Die Deutsche Nationalbibliothek verzeichnet diese Publikation in der Deutschen Nationalbibliografie. Detaillierte bibliografische Daten sind im Internet über http://dnb.d-nb.de abrufbar.

Für Fragen und Anregungen:
info@mvg-verlag.de

1. Auflage 2018

Nymphenburger Straße 86
D-80636 München
Tel.: 089 651285-0
Fax: 089 652096

Redaktion: Antje Steinhäuser
Umschlaggestaltung: Marc-Torben Fischer
Satz: FotoSatz Pfeifer GmbH, Krailling
Druck: CPI books GmbH, Leck
Printed in Germany

ISBN Print 978-3-86882-691-3
ISBN E-Book (PDF) 978-3-86415-965-7
ISBN E-Book (EPUB, Mobil) 978-3- 86415-966-4

Weitere Informationen zum Verlag finden Sie unter

www.mvg-verlag.de

Beachten Sie auch unsere weiteren Verlage unter www.m-vg.de

Inhalt

Vorwort 9

I
Der Fall Arid U.: Vom schüchternen Schüler zum Mörder 13

II
Die Logik des Terrors 25

1
Wie Radikalisierung funktioniert 27

2
Hass, der Motor allen Übels? 33

3
Was Terror ist: Schrecken provozieren und Unterstützer mobilisieren 43

4
Was den Mobilisierungserfolg des sogenannten Islamischen Staates ausmacht 51

III
Rekrutierung und Radikalisierung im Internet 61

5
Wie der Terror den Cyberspace erobert hat 63

6
Terror-Akquise im Netz: Die Chatprotokolle 67

7
Grauen statt Idylle: Die Wahrheit gibt es erst zum Schluss 75

IV
Mit wem haben wir es zu tun? Persönlichkeit und Terrorismus 79

8
Die Motivation des Violent True Believers 81

9
Einzeltäter: Das Phänomen der einsamen Wölfe 87

10
Ein kontrollierter Sonderling: Der Fall Anders B. 95

V
Terrorkarrieren 101

11
Deutsche islamistische Täter: Suche nach Orientierung und eigenen Wurzeln 103

12
Sich für den Dschihad empfehlen:
Die Kofferbomber von Köln und Koblenz 111

13
Auf in den Kampf: Was wir über die sogenannten Dschihad-Reisenden wissen 119

14
Frauen im Dschihad: Wachsende Minderheit mit verschiedenen Rollen 123

VI
Perspektivwechsel: Hass von rechts 127

15
Hasstaten mit rechtsextremem Hintergrund 129

16
Der NSU und die Frage, was zuerst da war 133

VII
Ein Blick zurück 139

17
Terroristische Einzeltäter sind nicht nur ein Phänomen der Neuzeit: Das Sisi-Attentat 141

18
Battle of Broken Hill: Auch islamistischen Terror gab es schon vor 100 Jahren 149

19
Austauschbare Hintergründe: Von Dutschke bis heute 155

VIII
Das Phänomen der Nachahmungstaten 165

20
Vom Niemand zum bösen Helden: Charlie Hebdo und die Hintergründe 167

21
Bomben basteln für Laien: Wie Medien den Nachahmungseffekt verstärken 175

22
Das Attentat am Olympiazentrum in München: Amok oder Terror? Wenn sich Skripte vermischen 183

IX
Was bleibt? 191

23
Das Wesen des Terrorismus und die Reaktion darauf 193

24
Wer ist der Nächste? Das Problem der Stigmatisierung 197

25
Bedrohungsmanagement als Präventionsansatz in Unternehmen, Behörden und regionalen Strukturen 201

X
Nachwort 207

26
Die Angst vor dem Terror und der Umgang damit 209

Über die Autoren 211

Quellen 213

Vorwort

Arid U. war 21 Jahre alt, als er mehreren Menschen mit der Pistole direkt ins Gesicht schoss. Zwei dieser Menschen waren sofort tot, drei weitere wurden schwer verletzt. Diese Tat vom 2. März 2011 gilt als erster islamistischer Anschlag mit Todesopfern in Deutschland. Arid U. befand sich an jenem Tag im Dschihad, im heiligen Krieg gegen die Ungläubigen. Er war ein Terrorist. Damit könnte alles gesagt sein, tatsächlich aber ist mit diesen bloßen und kurz zusammengefassten Fakten nicht einmal ein Bruchteil der Wahrheit erörtert. Denn hinter einem solchen Fall stehen stets etliche komplexe Fragen, die nur zu oft unbeantwortet bleiben: Was macht aus einem Menschen einen Terroristen? Was bringt einen jungen Menschen dazu, dermaßen zu hassen, dass er andere Menschen rücksichtslos erschießt? Und wer wiederum sind die Hintermänner, die genau diesen Hass und das Morden auslösen wollen? Was hat die Entwicklung eines terroristischen Attentäters mit der eines Amokläufers oder, neuerdings, Amokfahrers zu tun?

Diese Fragen lassen sich zwar beantworten, aber nicht leicht und schon gar nicht kurz. Denn um zu verstehen, warum Menschen es sich zum Ziel setzen, Angst und Schrecken zu verbreiten, ist es notwendig, sich mit den sozialen Hintergründen und der Psyche dieser Täter zu beschäftigen.

Genau darum soll es in diesem Buch gehen. Es wird beschrieben, welche Persönlichkeiten besonders anfällig für extremistisches Gedankengut sind, und zudem erklärt, wie bestimmte Gruppen Einfluss auf ebendiese Menschen, die zukünftigen Täter, ausüben, um sie letztlich in ihrem Sinne handeln zu lassen.

Denn auch ein Terrorist ist zunächst einmal schlicht ein Mensch. Häufig aber ein Mensch, dessen Leben ganz und gar nicht nach seinen ursprünglichen Vorstellungen verlaufen ist und der vor diesem Hintergrund anfällig für die Einflussnahme von extremistischem Gedankengut wird.

In diesem Buch wird es aber auch darum gehen, wie sich die Taktiken der Extremisten bei der Rekrutierung ihrer Anhänger verändert haben und verfeinert wurden. Denn es wird aufseiten der Terrororganisationen mit ausgefeilter Propaganda gearbeitet, die sich nicht selten an den Strategien orientiert, mit denen etwa moderne Werbeagenturen neue Kunden ködern. Eine zunehmend wichtige Rolle spielt bei all dem das Internet, das dem Terror vollkommen neue Möglichkeiten eröffnet hat. In der digitalen Welt sind Regionen wie Afghanistan, Pakistan, der Irak oder Syrien nicht mehr annähernd so weit entfernt, wie es ein Blick auf den Globus uns glauben lässt. Vielmehr wird aus solchen Regionen in Echtzeit Kontakt mit denen aufgenommen, die etwa in Deutschland frustriert in ihren Jugendzimmern oder Wohnungen sitzen und bislang vergeblich nach einem Sinn in ihrem Leben suchen – und den die Terrororganisationen ihnen dann zu geben vorgaukeln.

Doch wenn das Internet für die moderne Zeit des Terrors steht, dann darf auch eine andere Seite nicht vergessen werden: dass Terrorismus – auch durch sogenannte Einzeltäter – kein Phänomen der Neuzeit darstellt und dass die grundlegenden Mechanismen des Terrorismus sich über die Jahrhunderte im Grunde nur wenig verändert haben. Schon vor weit mehr als 100 Jahren versuchten Personen, auf dem Umweg einer terroristischen Tat zu Ruhm und Unsterblichkeit zu gelangen. Und auch vor 100 Jahren schon zogen Menschen in einen sogenannten heiligen Krieg, um für ihren Propheten zu kämpfen, indem sie andere Menschen töteten.

Wenn es um die Psyche von Terroristen geht, dann ist eine wesentliche Feststellung, dass solche Menschen beileibe nicht immer gleich funktionieren. Da gibt es den bis zu seiner Tat harmlosen und schüchternen Schüler, wie ihn der beschriebene Arid U. verkörpert. Oder aber eine Person wie den norwegischen Attentäter und Massenmörder Anders B., der sich so gezielt und überlegt auf seine Tat vorbereitet hat, dass es im Grunde nahezu unmöglich war, ihm vorher auf die Spur zu kommen.

Gerade im Fall des Anders B. wird noch etwas anderes deutlich: Es ist inzwischen beinahe zu einer Selbstverständlichkeit geworden, dass die Namen solcher Attentäter uns durch die Berichterstattung der Medien so geläufig sind wie die Namen von Film- oder Popstars. Gerade diese Entwicklung aber soll dieses Buch nicht unterstützen oder gar fördern. Denn zum Terrorismus zählt vielfach der Wunsch des Täters, durch seine Tat Berühmtheit zu erlangen. Diese Berühmtheit wiederum spiegelt sich nicht zuletzt darin, dass immer wieder einmal die vollen Namen solcher Täter bekannt werden. In diesem Buch werden daher die Nachnamen aller erwähnten und beschriebenen Terroristen und Amoktäter nur abgekürzt mit dem ersten Buchstaben wiedergegeben.

I

Der Fall Arid U.: Vom schüchternen Schüler zum Mörder

Arid U. wurde 1990 im Kosovo geboren. Er war das zweite von drei Kindern und lebte bis zu seiner Verhaftung noch bei seinen Eltern. Nach Deutschland kam er im Alter von zwei Jahren, sein Vater arbeitete damals als selbstständiger Unternehmer, seine Mutter war Hausfrau. Arid wurde von Bekannten, Freunden und Nachbarn als unauffällig beschrieben.

Zu deutlichen Veränderungen in seinem Leben kam es 2007, als Arid 16 Jahre alt war. Der Vater litt unter gesundheitlichen Problemen, die finanzielle Situation der Familie verschlechterte sich dramatisch, da der Vater seiner Arbeit nicht mehr in vollem Umfang nachgehen konnte.

Parallel ließen die Leistungen von Arid in der Schule deutlich nach, wurden schlechter und schlechter. Schließlich musste er eine Klasse wiederholen.

Geht man der 2011 verübten, vermeintlich vom Islam geprägten Tat des Arid U. nach, so ist die Frage nach der religiösen Prägung des Täters, vor allem auch danach, wie intensiv diese bereits im Elternhaus gewesen ist, von großem Interesse. Tatsächlich hatte die Familie einen muslimischen Hintergrund, der jedoch nicht aktiv gelebt wurde. Auch Arid hatte nicht sonderlich vielfältige Beziehungen zu einer wie auch immer gearteten muslimischen Gemeinschaft. Er galt insgesamt eher als verschlossen und unsicher. Dennoch ging er zusammen mit anderen Jungs alltäglichen Freizeitbeschäftigungen nach und spielte beispielsweise leidenschaftlich gerne viele Stunden am Tag Computer, ging zum Paintball und hörte westliche Musik. Die Freunde stellten ihn später als einen höflichen, hilfsbereiten und vor allem niemals aggressiven jungen Mann dar. Er sei nicht durch besondere politische Botschaften aufgefallen. In einem Fachartikel beschreibt der zuständige psychiatrische Gutachter Norbert Leygraf Arid U. als von schmächtiger und fast schon von zerbrechlich wirkender Statur.

Zwischen Scham und Antriebsschwäche

Kehren wir noch einmal zurück zu Arids schulischen Leistungen. Nachdem er die zehnte Klasse der Realschule hatte wiederholen müssen, wurden seine Noten wieder besser und er wechselte sogar in die gymnasiale Oberstufe. Dieser Aufwärtstrend hielt jedoch nicht lange an, und seine Leistungen ließen bald wieder nach. Arid begann, vor allem seine Problemfächer zu schwänzen, wodurch erhebliche Fehlzeiten zustande kamen. Er zog sich in sein Zimmer zurück und spielte lieber am Computer, als sich um seine Hausaufgaben zu kümmern oder an der Verbesserung seiner schulischen Karriere zu arbeiten – wie er selbst in einer Erklärung während seines Prozesses äußerte, habe er sich bei diesen Spielen stark und handlungsmächtig gefühlt. Eine Folge davon war, dass er bald Gefahr lief, auch die elfte Klasse wiederholen zu müssen. Er fiel tatsächlich durch, seinen Eltern gegenüber verheimlichte er dies jedoch. Er ging also weiter zur Schule und wiederholte die Klasse. Im Sommer 2010 verließ er die Schule schließlich ohne Abitur. Seinen Eltern hatte er allerdings erklärt, dass er alle Klassen absolviert und das Abitur in der Tasche habe und nun auf einen Studienplatz warte.

Tatsächlich suchte Arid U. in jenem Sommer 2010 einen Ausbildungsplatz als Chemielaborant – jedoch ohne Erfolg. Später begann er zunächst ein freiwilliges soziales Jahr bei einem islamischen Pflegedienst. Arid U. war kein Mensch vieler Worte, aber er liebte diese Arbeit und war stets pünktlich, wie seine damalige Vorgesetzte versicherte. Auch die Patienten hätten ihn sehr gemocht. Es war für Arid U. wohl eine Zeit, in der er sich gebraucht gefühlt hat. Er konnte etwas tun, und das, was er tat, hatte für ihn offenkundig einen Wert.

Im November 2010 geriet Arid jedoch in einen finanziellen Engpass und er begann, zusätzlich über eine Zeitarbeitsfirma bei einem Logistikunternehmen zu arbeiten. Wenig später änderte sich seine Situation erneut: Sein neuer Job ließ sich zeitlich mit seinen Tätigkeiten im

Pflegedienst nicht mehr vereinbaren, weshalb er Letztere einstellen musste.

Bereits in den Jahren davor, im Jahr 2007, war Arid U. immer depressiver geworden. Darüber allerdings sprach er weder mit der Familie noch mit seinen Freuden. Arid U. hatte mit einer Antriebsschwäche zu kämpfen. So kam er morgens kaum noch aus dem Bett und kämpfte, nach eigenen Aussagen im Laufe des Prozesses, mit Suizidgedanken.

Insgesamt fixierte sich Arid U. immer stärker auf die vermeintliche Sinnlosigkeit des Lebens.

Arid wendet sich der islamistischen Ideologie zu

Die beschriebene Gemengelage seiner Gefühle kennen wir auch aus anderen Fällen, in denen sich junge Menschen radikalisiert haben. Ein solcher subjektiv erlebter Missstand führte in diesen Fällen häufig dazu, dass sich die jungen Menschen nach etwas sehnten, an dem sie sich festhalten konnten. Und damit kam für Arid U. wohl auch die Religion ins Spiel. Natürlich kannte er den muslimischen Hintergrund seiner Familie, nun aber reifte der Entschluss, mehr über seine Religion erfahren zu wollen. Auch in jenen Jahren gab es in der Welt religiöse Konflikte. Das Wissen darum spielte für Arid aber allenfalls eine untergeordnete Rolle. Ihn interessierte in erster Linie einfach die Religion als solche. Als er begann, regelmäßig zu beten, verspürte er womöglich zum ersten Mal so etwas wie eine Struktur in seinem Leben. Wer tagsüber die Gebote und Verbote des Islam beachtet, kann sich selbst schnell das Gefühl vermitteln, an einem solchen Tag etwas geschafft zu haben, etwas Gutes und auch moralisch Hochwertiges. Arid war stolz, dass er beim Computerspielen nicht mehr fluchte, sich von Partys fernhielt und auch keinen Alkohol mehr trank. Das Ausüben der Religion – wie etwa durch die Einhaltung der Gebetspflichten – gab ihm eine Art ganzheitlicher Genugtuung.

Da er aber in seinem Leben nie in engerem Kontakt zu einer muslimischen Gemeinschaft gestanden hatte, verschaffte er sich einen Großteil der Informationen über die Religion aus dem Internet. Dort stieß er wohl über die Eingabe verschiedener Begriffe unter anderem auf die Videos politischer Neosalafisten, die ihm den Islam erstmalig so erklärten, dass er ihn verstand – sie gaben seiner Religion ein sympathisches Gesicht und reduzierten komplexe Sachverhalte auf eine einfache schwarz-weiße Logik. Gerade von diesen einfach strukturierten salafistischen Inhalten fühlte er sich fortan angezogen. Mit weiteren Informationen wurde er auf Social-Media-Plattformen wie Facebook oder später YouTube konfrontiert. Der Verlauf scheint prototypisch: Man klickt sich durch das Internet, gibt Begriffe wie »Salafismus« oder »die wahre Religion« ein, wird in einigen Facebook-Gruppen Mitglied und gerät schließlich in etwas, das man mit dem Begriff »Inhaltsblase« beschreiben kann, was nicht zuletzt durch Eigenarten von Portalen wie Facebook gefördert wird. Öffnet man sein Facebook-Profil, findet man dort jeden Tag automatisch generierte Hinweise auf der Grundlage seiner früheren Suchverläufe – die Plattform macht einem Vorschläge, welche Seiten und Themen einen sonst noch interessieren könnten. Der Salafismus wurde Arid U. auf diese Weise vermutlich auf dem Silbertablett präsentiert.

Arid U. wandte sich bald verstärkt auch den einschlägigen dschihadistischen Foren im Netz zu. Hier wurden unter anderem Videos aus den Konfliktgebieten veröffentlicht, in denen vermeintliche Kämpfer vor die Kamera traten und über ihre Erfahrungen im Krieg gegen die Ungläubigen berichteten. Diese Videos wurden in die deutsche Sprache übersetzt, außerdem gab es dort Unterhaltungen, in denen sich die Nutzer über die Ideologie austauschten. Arid U. vertiefte sich immer stärker in diese Inhalte, weil er immer mehr Aspekte der Religion verstehen wollte. Einige Berichte deuten darauf hin, dass er im Zuge seiner Radikalisierung auch Offlinekontakte zu Aktivisten aus der radikal-salafistischen Szene in Frankfurt pflegte.

Die Abkehr von den Ungläubigen

Bald verfasste Arid selbst Beiträge im Internet, in denen er den Dschihad glorifizierte: Er könne all das verstehen, was in dem Zusammenhang an Gewalt geschehe, da ja die muslimischen Brüder und Schwestern durch den Westen angegriffen würden. Der Westen sei der Aggressor und ohnehin das personifizierte Böse. Er beschäftigte sich zudem mit islamischen Kampfliedern, in denen unter anderem dazu aufgefordert wird, sich von den Andersgläubigen ab- und nur noch den eigenen Glaubensbrüdern und -schwestern zuzuwenden – ein bekanntes Motiv in der radikal-salafistischen Szene. Der Rückzug eines Menschen aus seinem bisherigen sozialen Leben, dem Freundeskreis und oftmals auch der Familie wird ideologisch flankiert und vorangetrieben.

Arid U. zog sich in den Monaten vor dem Anschlag von seinen Freunden zurück und erzählte wohl jedem von ihnen eine andere Geschichte, warum er so wenig Zeit mit ihnen verbrachte. Im gleichen Zeitraum fing er 2010 damit an, seine Ablehnung der Ungläubigen in Chats noch deutlicher und drastischer zu formulieren und auch den Märtyrertod als erstrebenswert darzustellen.

Zu jener Zeit gingen Arids Gedanken wahrscheinlich bereits über die reinen Onlineaktivitäten hinaus. Er dachte darüber nach, selbst in den Irak oder nach Afghanistan zu reisen. Er wollte sich dem Dschihad anschließen und damit offenbar seinen Teil zur vermeintlichen Rettung der muslimischen Gemeinde beitragen. In der Szene werden verschiedene Möglichkeiten propagiert, den Kampf der Glaubenskrieger zu unterstützen: Entweder man agiert mit dem sprichwörtlichen Schwert oder bietet Unterstützung in finanzieller Form. Da seine eigene finanzielle Lage aber eher als kritisch zu bewerten war, sah er für sich wohl nur noch den Weg des Kampfes. Allerdings habe er nicht gewusst, wie er nach Afghanistan kommen sollte.

Ein Zeichen Gottes und die Pflicht zum Dschihad

Eines Abends surfte er einmal mehr an seinem Computer durch Webseiten mit Islam-Bezug und stieß dabei auf ein Video. Auf diesem machten die Darstellungen den Anschein, als seien sie durch ein Nachtsichtgerät aufgenommen. Diese Bilder zeigten, wie amerikanische Soldaten eine muslimische Frau vergewaltigten. Arid erklärte später, dass gerade diese Bilder ihn unglaublich schockiert hätten. So sehr, dass er danach überhaupt nicht mehr in seinen Alltag zurückgefunden hätte. Die Bilder, die er gesehen hatte, hätten ihn als Mensch verändert. Nur war Arid eine wesentliche Tatsache nicht bekannt: Das Video war ein Ausschnitt aus einem Hollywoodfilm. Es handelte sich um das im Jahr 2007 entstandene Kriegsdrama *Redacted*, das unter der Regie von Star-Regisseur Brian De Palma gedreht wurde. Dessen Handlung wiederum beruhte auf dem sogenannten Massaker von Mahmudiyya, bei dem im Jahr 2006 südlich der irakischen Hauptstadt Bagdad tatsächlich fünf US-Soldaten eine 14-jährige Irakerin vergewaltigt und ermordet hatten.

Der auf dieser Basis entstandene Film wurde von islamistischen Gruppen zu Propagandazwecken eingesetzt – und zwar in der Form von Ausschnitten, die auf Betrachter wie Arid echt wirkten.

Für Arid war der Abend nach dem Konsum dieses Videos beendet, da er zutiefst schockiert war. Er legte sich in sein Bett, konnte aber in der ganzen Nacht nicht einschlafen, da ihm die Bilder und dazu seine eigenen Gedanken nicht aus dem Kopf gingen. Dies setzte sich am folgenden Tag fort, und Arid erklärte später, dass er all das als eine Art Zeichen wahrgenommen habe: Allah wünsche, dass er sich mit dem Thema auseinandersetze. Er selbst habe dann auch bald gewusst, was er zu tun habe.

Zu jener Zeit war Arid U. bei einem Logistikunternehmen am Frankfurter Flughafen beschäftigt. Ihm fiel ein, dass er während seiner Arbeit schon mehrfach US-Soldaten beobachtet hatte.

Arid wird zum Mörder

Arid hatte an jenem Tag Spätschicht. Kurz bevor er sich auf den Weg zur Arbeit machte, entschied er sich dafür, eine Pistole und ein Messer mitzunehmen. Die Pistole stammte aus dem Haushalt der Familie.

Arid U. redete sich offenkundig ein, dass er vor einer gottgegebenen Aufgabe stand, falls er am Flughafen tatsächlich auf amerikanische Soldaten treffen sollte.

Die Waffen verstaute Arid in seinem Rucksack, dann setzte er sich in den Bus zum Flughafen. Auf dem Weg dorthin schaltete er seinen iPod ein, wie über die Überwachungskameras im Bus und die Auswertung seiner Playlist zu rekonstruieren war. Er hörte über die Kopfhörer eines seiner Naschids, islamische religiöse Lieder, unter denen es auch Dschihad-Lieder gibt. Der Text lautet in Auszügen wie folgt:

Mutter bleibe standhaft.
Ich bin im Dschihad.
Traure nicht um mich
und wisse, er hat mich erweckt.
Die Umma ist geblendet,
doch ich wurde geehrt.
Mutter bleibe standhaft,
dein Sohn ist im Dschihad.
Die Schreie wurden lauter,
die Wunden nahmen zu.
Die unerfüllte Pflicht,
sie ließ mir keine Ruh.
Mutter bleibe standhaft,
dein Sohn ist im Dschihad.

Das alles geht über viele Strophen in ähnlichem Stil weiter. Der Text handelt davon, ob die Mutter nicht die Bomben im Irak hört, dass die Geschwister gefangen sind, dass, während die Tränen der Mutter tropfen, in Palästina das Blut fließt.

Mit diesen Sätzen und der beruhigenden Stimme des Sängers im Ohr erreichte Arid sein Ziel am Flughafen von Frankfurt. Dort verließ er den Bus und machte sich auf den Weg zu jenem Bereich am Terminal 2, in dem er zuvor US-Soldaten gesehen hatte. In der Tat bemerkte Arid einen Soldaten in einer Uniform in Tarnfarben, der zu einer Anzeigetafel ging und dort allem Anschein nach auf die Ankunft seiner Kameraden wartete. Also beobachtete er die Szenerie zunächst eine Weile. Er konnte verfolgen, wie drei oder vier weitere Soldaten hinzukamen und den Wartenden begrüßten – danach verließen sie gemeinsam den Bereich und gingen hinaus vor das Terminal. Arid folgte ihnen und beobachtete die Soldaten dabei, wie sie ihr Gepäck in einem wartenden Militärbus verstauten. Währenddessen kamen weitere Soldaten aus der Flughafenhalle und verstauten ebenfalls ihr Gepäck in dem Bus.

Arid wiederum näherte sich einem der Militärs und bat ihn um eine Zigarette. Seinen Aussagen zufolge startete er Small Talk, indem er fragte, wohin denn die Reise gehen solle. Als Antwort erhielt er die Auskunft, dass die Soldaten über die US-Luftwaffenbasis Ramstein nach Afghanistan fliegen wollten. Arid stand also tatsächlich vor seiner Zielgruppe. Daraufhin nahm er seinen Rucksack vom Rücken, fasste hinein und steckte im Inneren des Rucksacks das Magazin in seine Pistole. Dann zog er sich die Kapuze über den Kopf und wartete ab, bis alle Soldaten in den Bus eingestiegen waren. Währenddessen aber kam noch ein Nachzügler aus dem Terminal und ging auf den Bus zu. Arid näherte sich dem Mann, zog seine Pistole aus dem Rucksack und schoss ihm von hinten in den Kopf. Der Soldat war sofort tot. Arid betrat nun selbst den Bus, wo er dem Fahrer sofort ins Gesicht schoss – auch dieses Opfer starb. Dann ging Arid weiter in den hinteren Teil des Busses und rief

»Allahu Akbar«. Einem Soldaten, der noch im Gang stand, schoss er ebenfalls in den Kopf und verletzte ihn schwer. Ein weiterer Soldat ging daraufhin auf Arid zu – auch er wurde durch einen Schuss ins Gesicht schwer verletzt. Der Täter erhob erneut die Waffe an, um auf eine Person zu zielen, die hinter einem der Sitze Schutz suchte. Diesmal allerdings löste sich kein weiterer Schuss, denn Arids Waffe hatte eine Ladehemmung. Der Soldat erkannte seine Chance und trat die Flucht nach vorne an. Es kam zu einem Handgemenge, aus dem sich Arid jedoch losreißen und wegrennen konnte.

Zwei Polizisten wurden bald auf die Szenerie aufmerksam, weil sich auch Soldaten an Arids Fersen hefteten. Die Polizisten schlossen sich der Verfolgungsjagd an, auch ein Passant bemerkte, dass etwas vor sich ging, und stellte sich dem flüchtenden Täter in den Weg. Die Polizisten konnten dadurch aufschließen und forderten Arid mit gezogenen Waffen auf stehen zu bleiben. Arid hingegen zog sein Messer und ging auf einen der Beamten zu. Ihm war im Zuge dessen allerdings entgangen, dass sich eine Polizistin hinter seinen Rücken vorgearbeitet hatte. Sie zog ihren Schlagstock und forderte ihn auf, sein Messer umgehend niederzulegen. Von diesem Moment an zeigte Arid keine Gegenwehr mehr, sondern kooperierte.

Später sollte Arid über diesen Tag sagen, dass es sich für ihn bei der Tat nicht um ein terroristisches Attentat gehandelt habe, sondern dass er vielmehr emotional so von dem Propagandavideo aufgewühlt war, dass er diese Tat unwillkürlich hatte begehen müssen.

Arids Fall ist ein Beispiel dafür, dass es in der Radikalisierung solcher Täter eine Fixierung auf einen – auf den ganz bestimmten – Moment gibt. Ein Mensch wie er stellt sich ein Szenario über eine sehr lange Zeit hinweg vor, und dabei war es auch Teil seiner Fantasie, als Märtyrer zu sterben. In einer Erklärung gab Arid U. zu Protokoll, dass er davon ausgegangen sei, den Tag nicht zu überleben. Was er geplant hatte, war offenbar ein sogenannter *Suicide by cop*: Er wollte Suizid begehen, indem er sich von einem Soldaten beziehungsweise Polizisten erschießen lässt. Die Realität stellte sich für ihn jedoch anders dar.

Ein Beispiel für eine solche Dynamik sind auch Amoktäter, die sich vornehmen, sich auf öffentlicher Bühne selbst zu richten, dann aber feststellen müssen, dass ihnen die Nerven versagen. Weil sie merken, dass die Realität sich vollkommen anders anfühlt als die Fantasie. Solche Umstände führen zu Irritationen und am Ende manchmal auch zu Handlungsänderungen.

II

Die Logik des Terrors

1

Wie Radikalisierung funktioniert

Der Fall des Arid U. ist ein gutes Beispiel dafür, wie die Radikalisierung eines Menschen ablaufen kann. Arid hatte Probleme in der Schule, es gab Probleme in der Familie, außerdem litt er unter seiner Antriebslosigkeit. Die Beschäftigung mit der Religion gab ihm die Möglichkeit, von seinen persönlichen Missständen Abstand zu gewinnen und seine Aufmerksamkeit auf jenes Unrecht zu richten, unter dem die weltweite muslimische Community – die Umma – zu leiden hatte. Seine Frustrationen konnte er auf die moralische Empörung über diese Ungerechtigkeit umlenken. Er fokussierte sich auf den Umstand, dass es in der Welt Dinge gebe, die sich noch viel schlimmer darstellten als sein eigenes Leben. Gegen diese Dinge hatte er aber das Gefühl, etwas tun zu können, vor allem für die muslimische Gemeinschaft zu kämpfen.

Am Ende eines solchen Radikalisierungsprozesses steht die absolute Fixierung auf die Pflicht zum Kampf. Eine Pflicht, die auch in jenem Naschid zum Ausdruck gebracht wurde, das Arid auf dem Weg zu dem späteren Tatort über seinen iPod hörte. Denn auch dort gibt es eine Textzeile, die genau das zum Ausdruck bringt. Diese Textzeile lautet: »Die unerfüllte Pflicht, sie ließ mir keine Ruhe.« Diese Worte machen deutlich, wie die Propaganda exremistischer Gruppen dahinter konstruiert ist. Es geht zunächst darum, den potenziellen Rekruten an die Ideologie zu binden, in ihm ein Interesse zu erzeugen, sich mit den Inhalten vertraut zu machen. Dann gibt es Inhalte, die es als eine Notwenigkeit vermitteln, dass ein jeder sich einbringe.

Arids Geschichte zeichnet einen kontinuierlich voranschreitenden Radikalisierungsprozess nach. Da waren zum einen seine Chatbotschaften, in denen er Gewalt als Form der Verteidigung und der Lobpreisung legitimierte. Hinzu kam sein Wunsch, selbst nach Afghanistan oder in den Irak zu gehen, und seine Faszination für das Märtyrertum. Als Ergänzung lässt sich noch die zunehmende Intoleranz gegenüber der westlichen Lebensweise anführen – so hatte er von den Propagandisten gelernt, dass die gesamte westliche Welt gegen den Islam hetze. Er ließ sich bald jegliches Handeln durch die heilige Schrift legitimieren oder vorgeben.

In diesem Zusammenhang müssen auch sogenannte Rechtsgutachten erwähnt werden, die unter anderem im islamistischen Umfeld von dschihadistischen Ideologen verfasst werden. Diese sogenannten Fatwas liefern für jegliches Verhalten vermeintlich ideologisch fundierte Regeln und Auskünfte. Da heißt es dann etwa, warum es die Ungläubigen zu töten gilt. Wenn sich jemand von einer solchen rigiden Auslegung angesprochen fühlt, weil sie ihm eine gewisse Struktur und Sicherheit liefert – schließlich erfährt die Person hier ganz genau, was sie tun darf und was nicht –, ist dies ein hervorragender Anknüpfungspunkt für die Rekruteure extremistischer Gruppierungen. Arid U. ließ sich von derlei Inhalten online zu Kommentaren verleiten, wie etwa dem, dass er die Ungläubigen »messern« werde. Auch in den Multiplayer-Computerspielen, die er online spielte, brachte er via Chat entsprechende Kommentare ein.

Und es muss noch einmal wiederholt werden: Die persönliche Entwicklung und die Tat beruhten bei Arid – und auch bei anderen – fast ausschließlich auf Erfahrungen, die er im Internet gemacht hatte, sowie auf vermeintlichem Wissen, das er sich im Netz angeeignet hatte. Diese

Onlinewelt hatte bei der Radikalisierung des Arid U. einen hohen Anteil, persönliche Kontakte dagegen spielten zumindest anfangs eine wohl eher untergeordnete Rolle.

Schließlich ist für den Zugang zu der Persönlichkeit eines Arid U. auch der Umstand wichtig, dass er Probleme damit hatte, auf andere Menschen zuzugehen. Das Internet gab ihm eine immer stärker werdende Sicherheit im Umgang mit extremistischen Milieus, was ihm schließlich das Selbstvertrauen gab, tatsächlich persönlich in verschiedene Moscheen zu gehen und an Islam-Seminaren teilzunehmen.

In Frankfurt gab es eine Moschee, die als radikal einzustufen war und die Arid besuchte. Was ungefähr im Jahr 2007 mit reinem Interesse begonnen hatte, wurde im Laufe der Zeit immer wichtiger für die Funktionsfähigkeit des Menschen Arid U. Er erzählte vor Gericht, seine Antriebslosigkeit sei zeitweise so extrem gewesen, dass er kaum noch die Kraft zum Gebet aufbrachte – dass ihn gerade der Glaube aber auch vor dem Selbstmord bewahrt hatte. Als er schließlich die Schule verließ, sei es ihm wieder besser gegangen, und er konnte in der Folgezeit all das gewissenhaft umsetzen, was der Glaube ihm vorgab.

Ab 2011 hatte Arid außerdem damit begonnen, Unmengen an dschihadistischem Material aus dem Netz herunterzuladen. Kurz vor der eigentlichen Tat hatte er damit begonnen, auf Facebook alle seine bisherigen Freunde zu löschen. Genauer gesagt: alle seine Freunde, die keinen muslimischen Hintergrund besaßen. Regelrecht aufgefüllt hat er im Anschluss sein Profil mit Größen der salafistischen Szene. So ermöglichten es ihm die sozialen Netzwerke, sich öffentlich mit der Umma zu identifizieren – nach der Tat wurden bei Arid Hunderte dschihadistischer Inhalte gefunden. Von den bereits angesprochenen sogenannten Rechtsgutachten bis zu einer Vielzahl anderer Inhalte, mit denen er nicht zuletzt seine Identität zu stabilisieren versuchte. Es handelte sich insgesamt um einen sukzessiven Sozialisationsprozess, den er im Sinne islamistischer Ideologie durchlief.

Verbunden war diese Sozialisation mit einer weitergehenden Abspaltung von der westlichen Lebenswelt, die ihm nichts mehr zu geben schien, keine Orientierung, keine Struktur. Daraufhin wandte sich Arid U. zunächst einmal nur der Religion, dann bald der dschihadistischen Ideologie zu. Er interpretierte sein eigenes Leben im Lichte dieser absoluten und autoritären Weltanschauung, was dazu führte, dass er sich mit seinen persönlichen Problemen nicht mehr auseinandersetzen musste.

Der Sozialpsychologe Andreas Zick wertet dies als ein Umschalten von der persönlichen Identität hin zu einer sozialen beziehungsweise einer ultimativen Identität. Es handelte sich letztlich um ein völliges Aufgehen des Individuums in der Gruppe und damit um ein Phänomen, das man auch aus der rechten Szene mit ihren sogenannten Kameradschaften kennt. Der Einzelne verschmilzt mit der Gruppe – wird zum Teil eines Ganzen und muss sich daher auch nicht mehr selbst in all seinen Facetten und Fehlern wahrnehmen. Es geht allein darum, Teil der Gemeinschaft zu sein.

Je wichtiger diese parallele Identität wird, desto mehr Handlungsdruck baut sich in einem Menschen auf, da diese Ideologien in Richtung Gewalt drängen. Sie vermitteln die Botschaft, dass man sich zwar mit den Werten oder Inhalten assoziieren könne, man müsse aber irgendwann auch im Sinne der Ideologie handeln – weil der fromme Glaube allein eben nicht ausreicht.

Arids Tat wurde auch in *Inspire* gewürdigt. Dabei handelt es sich um ein Onlinemagazin, das von dem Terrornetzwerk Al-Qaida veröffentlicht wurde. In diesem Magazin gibt es eine Rubrik mit dem Titel »Inspired by Inspire« – es geht um Menschen, deren Taten von dem Magazin oder seinen Machern und Inhalten inspiriert wurden. Sinn des Ganzen ist es, dass die Leser sich an solchen Attentaten und Attentätern ein Beispiel nehmen. Kurz nach den Morden am Frankfurter Flughafen fand aus diesem Grund Arid U. seinen Platz in besagter Rubrik.

Arid wiederum ließ vor Gericht verlauten, dass er den Artikel zur Kenntnis genommen habe. Er legte aber Wert darauf, sich davon zu distanzieren, dass diese Rattenfänger ihn für ihre eigene Propaganda missbrauchten. Außerdem gab er an, dass er zum Zeitpunkt seiner Tat vollkommen verblendet war. Er habe einfach nicht mehr gemerkt, wie er auf dem Wege der Radikalisierung immer weitergeführt wurde. Tatsächlich scheint er sich eine Zeit lang wirklich nicht klargemacht zu haben, dass sich seine Sinnsuche im Islam immer stärker mit salafistischen und später auch dschihadistischen Inhalten vermischte. Je tiefer man in die einzelnen Communitys vordringt, desto gewalt affiner werden die gezeigten Inhalte und desto ideologischer wird der Austausch. Gefährlich wird es da, wo die Gewalt legitimiert, wo sie normal wird. Die Tötung eines Opfers ist dann nichts anderes als eine gerechte Strafe. Denn die Terroristen sehen sich nicht als Aggressoren, sie geben sich als Retter und Verteidiger. Der Radikalisierungsweg des Arid U. gleicht denen zahlreicher Amokläufer, die über Jahre hinweg einen unvorstellbaren Hass gegen die Gesellschaft aufbauen und sich durch einen letzten Akt der Gewalt eine Genugtuung verschaffen.

2

Hass, der Motor allen Übels?

Hass – dieses Wort beschreibt in der Sozialpsychologie zunächst allgemein eine intensiv empfundene Feindseligkeit gegenüber Dingen, Menschen oder Ereignissen. Formen des Hasses kennt jeder Mensch und spürt sie womöglich ganz unwillkürlich. Wichtig im Zusammenhang mit dem Thema Terror und Amok ist aber vor allem die Tatsache, dass es sich bei Hass nicht nur um eine unwillkürliche Emotion handelt, sondern dass Hass auch von Gruppen oder Institutionen strategisch entfacht und für die eigenen Zwecke eingesetzt werden kann. Was im Umkehrschluss natürlich heißt, dass Hass erlernbar ist.

In einem Interview sagte der Innsbrucker Profiler Thomas Müller einmal, dass es für die Einschätzung der Gefährlichkeit einer Person völlig egal sei, was diese Person denke oder sage. Vielmehr müsse man ergründen, wie dieser Mensch denke, und wie er daraufhin handele. Es geht also letztlich im Kern darum, wie ein Mensch sich eine Ideologie aneignet, wie er seine eigenen Bedürfnisse und Konflikte damit verbindet und wie er es letztlich schafft, das neue Weltbild in sein Selbst zu integrieren. Der Inhalt der Ideologie ist dabei oftmals zweitrangig. Entscheidend ist vielmehr, dass Menschen vor ihrem Hintergrund Gewalt gegen andere Menschen legitimieren.

Hass zeigt sich in seiner organisierten Form im Gewand zahlreicher menschenfeindlicher Ideologien, die auch deshalb so attraktiv sind, weil sie simpel strukturiert sind. Damit wird ideologischer Hass besonders für jene Menschen attraktiv, die sich in Umbruchsituationen befinden. Dergleichen beobachten wir etwa bei Jugendlichen in Identitätskrisen, bei Menschen, die aus ihren bekannten kulturellen Umwelten herausgerissen wurden, oder jenen, die durch ein Ereignis vollkommen aus der Bahn geworfen wurden. Radikalisierung kann dort leicht keimen, wo bekannte Werte und Normen plötzlich aus den Angeln gehoben werden. So etwa auch bei Menschen, die in Gefängnissen überlegen müssen, wie sie neu anfangen.

Ideologien der Ungleichwertigkeit bedienen sich dabei stets der gleichen Werkzeuge – egal, ob sie islamistischen oder rechtsradikalen Ursprungs sind. Sie helfen schlicht dabei, die Komplexität in dieser von Umbrüchen geprägten Welt zu reduzieren, indem sie etwa starre Feindschaftsverhältnisse markieren, dem eigenen Selbst Sinn und Überlegenheit zuschreiben und dem Menschen auf diese Weise als Kompass durch die Welt dienlich sind. Auch der Attentäter, der am 22. Juli 2016 am Olympia-Einkaufszentrum in München neun Menschen und sich selbst umbrachte, bezog sich auf rechtsextreme ideologische Elemente, um seinen Hass auf die Welt und letztendlich seine Gewalttat zu rechtfertigen.

Hass ist daher für den Täter selbst nicht unbedingt destruktiv, wird von ihm jedenfalls nicht so empfunden, sondern dient zunächst der Selbstwerterhaltung und der Selbstwertsteigerung.

Eine der wichtigsten Erkenntnisse der Sozialpsychologie besteht darin, dass Menschen, die Vorurteile gegen bestimmte Personengruppen hegen, etwa gegen Ausländer, gleichzeitig auch eher geneigt sind, andere Menschengruppen abzuwerten, so etwa Sexismus oder Antisemitismus zu befürworten. Das sagt uns viel über die Funktion von Vorurteilen. Eine beängstigend komplexe Umwelt kann durch Schubladen strukturiert und verständlicher gemacht werden.

Natürlich wird mit von Hass erfüllten Inhalten und mit ideologischen Fragmenten gerade im Jugendalter auch aktiv gespielt. Denn sie dienen in diesem Alter nicht selten der Provokation. Daher ist es für jede Gefährlichkeitsgefährdung äußerst wichtig, diejenigen, die bellen, von denjenigen, die beißen, zu unterscheiden. Also diejenigen, die beispielsweise mit dem IS-T-Shirt in der Schule schlicht provozieren wollen, von denjenigen zu trennen, die sich tatsächlich zu radikalisieren bereit sind. Genauso wie jene, die mit Amok drohen, von jenen zu unterscheiden, die bereit sind, auch entsprechende Handlungsschritte umzusetzen.

Studien zeigen, dass es immer dann riskant wird, wenn sich drängende Bedürfnisse mit Hass vermischen. Wenn Bedürfnisse und Hass aufeinandertreffen, sind ideale Voraussetzungen für Gewalt geschaffen. Menschen radikalisieren sich, indem sie sich auf eine bestimmte Ideologie beziehen, indem sie immer extremere soziale, politische oder religiöse Inhalte in das Selbstkonzept integrieren und die Ideologie auf diese Weise immer mehr zu einem Referenzrahmen für die persönliche Wahrnehmung und das eigene Handeln wird. Eine solche Person provoziert nicht mehr nur. Sie glaubt vielmehr wirklich an das, was sie sagt, und auch daran, was sie tut. Weil es einen erheblichen Wert für ihre eigene Identität darstellt.

Durchlebt ein Mensch eine solche Entwicklung, kann Hass schlussendlich auch süchtig machen. Weil er dem Einzelnen Sündenböcke für die eigenen Probleme präsentiert. Man kann alle Probleme nach außen kehren und sich immer wieder sagen, dass andere daran schuld sind. Man braucht diese Schuld nicht mehr bei sich selbst zu suchen. Diese Sucht muss aber immer wieder neu bedient werden. Denn wer seinen Hass auf die Straße trägt, der ist danach nicht dauerhaft erleichtert, sondern muss vielmehr immer wieder im Sinne seiner Weltanschauung agieren, um das benötigte Level an positiven Emotionen und Bedürfnisbefriedigung aufrechterhalten zu können.

Vor diesem Hintergrund erklärt sich auch, dass gemeinsam Gewalt ausübende Gruppen in einen regelrechten Rausch geraten, der wiederum zum Motiv für weitere Taten werden kann. Wo es eine Gruppe schafft, sich klar gegen die Außenwelt abzugrenzen, schafft sie nach innen immer auch ein Gefühl der Zusammengehörigkeit.

Handelt es sich bei der Tat etwa um einen Brandanschlag auf ein Flüchtlingsheim, dann geht es dabei auch um die Wahrnehmung eigener Überlegenheit, das Überschreiten von Alltäglichem und um gelebte Kameradschaft. Denn gerade Hasstaten müssen immer auch als ein kommunikativer Akt verstanden werden, der sich gegen Feinde wie auch an Sympathisanten richtet. Und natürlich wendet man sich gleichermaßen an vermeintliche Verräter: Wenn die Politik einem nicht den Rücken stärkt, dann nimmt das Volk die Sache eben selbst in die Hand. Solche Botschaften kennen wir von rechtsterroristischen Zellen. Auch Anders B., der Islamhasser und Mehrfachmörder von Oslo und Utøya, richtete seine Gewalttat gegen die sogenannten »Kulturmarxisten«, die seiner Einschätzung nach die Islamisierung Europas überhaupt erst zuließen. Hinzu kommt noch, dass manche menschenverachtenden Diskurse, etwa im Internet, den Tätern die Möglichkeit geben, sich auch noch als Vertreter einer breiten Masse zu inszenieren.

Die Opfer dagegen haben meist nur einen symbolischen Wert für den Täter, da sie als anonyme Repräsentanten einer verhassten Menschengruppe ausgewählt wurden.

Dies trifft nicht nur auf terroristische Attentate, sondern auch auf Amoktaten zu. Auch hier sehen wir immer wieder, dass die Täter ihre Gewalt mit einer einfachen Schwarz-Weiß-Logik legitimieren. So etwa auch der 48-jährige Mann, der seinen Minivan am 7. April 2018 in ein beliebtes Café in der Münsteraner Innenstadt lenkte. Sein Motiv war, wie man auch in seinem Abschiedsbrief lesen konnte, Hass auf die Gesellschaft. Er wollte Fremde töten, was nicht heißt, dass er seine Opfer zufällig ausgewählt hatte. Es sollten jene Menschen sein, die sich an diesem Tag im Herzen des gesellschaftlichen Lebens aufhielten. Ganz besonders krude erscheint etwa die Ideologie, auf die sich der Amokfahrer von Toronto am

23. April 2017 bezog. So schrieb er in seinen Aufzeichnungen, die nach der Tat gefunden wurden: »Die Incel-Rebellion hat bereits begonnen! (...) Gegrüßt seist du, oberster Gentleman Elliot R.!« Genannter Elliot R. hatte am 23. Mai 2014 sechs Menschen erschossen und 14 weitere verletzt. Seine Motivlage hatte er in einem selbst geschriebenen Manifest erläutert. So habe ihn sein Hass auf Frauen, die ihn zeit seines Lebens immer ignoriert und ihm Sex verweigert hätten, zum Mörder gemacht. Die Incel sind eine Gemeinschaft unfreiwillig Sexabstinenter, die sich unter anderem im Internet zusammenfinden, um ihrer Frustration Ausdruck zu verleihen und die Schuld dafür im oberflächlichen Charakter von Frauen zu verorten. Seit seiner Tat gilt Elliot R. als eine Art Märtyrer der Bewegung.

Auch bei extremistischen Anschlägen werden Fremde angegriffen, jedoch auch hier gezielt, weil sie der Täter als Repräsentant einer verhassten Gruppe ansieht.

Nun geht aber nicht jeder auf die Straße, um direkt seine Tat auszuüben. Diejenigen, die sich zurückziehen, um beispielsweise Bomben zu basteln oder ihre Tat akribisch vorzubereiten, erleben diese Vorbereitung der Gewalt häufig als eine Art konspiratives Abenteuer. Wir können dies vor allem an den zahlreichen Schriftstücken, Videos und Tagebucheinträgen ablesen, die Täter im Vorfeld ihrer Tat verfasst und quasi für die Nachwelt aufbereitet haben. Diese Selbstinszenierungen kennen wir sowohl von vielen extremistisch motivierten Attentätern als auch von Schulamokläufern und von Erwachsenen, die mit der Waffe in ihr Unternehmen gehen und sich für vergangenes (mindestens als solches empfundenes) Unrecht wehren wollen oder, wie oben bereits beschrieben, von jenen Menschen, die ihr Fahrzeug als Waffe nutzen.

Wichtig ist in dem Zusammenhang zu wissen, dass es auch bei vielen der Attentäter ohne direkte Einbindung in eine Gruppe eine gewichtige Rolle spielt, eine Gemeinschaft hinter sich zu wissen oder zumindest hinter sich zu glauben. Auch für Amoktäter werden wir dies noch an späterer Stelle erläutern.

Terroristisches Handeln entsteht nicht im sozialen Vakuum, Terror wird immer mitgeprägt von gesamtgesellschaftlichen Strömungen, die dazu beitragen, dass sich Attentäter als Vertreter einer breiteren Masse in Szene setzen können, als eine Avantgarde, die das umzusetzen meint, was weite Teile der Bevölkerung denken. Die Attentäter ziehen Kraft und Bestätigung aus einem sozialen Nährboden und werten ihre Gewalttaten dadurch auf. In ähnlicher Art und Weise nutzen auch islamistische Attentäter Konflikte etwa im Nahen Osten – und inszenieren sich via Propaganda als Retter der muslimischen Gemeinschaft. Ihre Äußerungen, Botschaften und Videos mögen zum Teil drastisch sein. Im Selbstverständnis handeln sie aber vielmehr aus dem Opferstatus, aus der Notwendigkeit zur Selbstverteidigung heraus. Sie verstehen sich als Heilsbringer mit moralisch höherwertigen Zielen. Interessant ist, dass diese Dynamik auch für Schulamokläufer gilt. So riefen Eric H. und Dylan K., die am 20. April 1999 zwölf Schüler und einen Lehrer umbrachten, zu einer Revolution der Ausgestoßenen auf. Nach ihrer Tat sollten sich Schüler nie wieder trauen, andere auszugrenzen. Dieser Aufruf wurde unglücklicherweise erhört, so bezogen sich, nach einer Studie des US-Soziologen Ralph Larkin, etwa 60 Prozent der folgenden Schulattentäter auf die Tat an der Columbine High School. Auch in Deutschland fand die Tat bei einem Großteil jener Fälle, in denen Schüler mit einer Waffe in die Schule zogen, ein Echo.

Terror ist also nur in einem breiteren sozialen Kontext zu verstehen. So agierte der NSU zwar unabhängig, die drei Täter konnten aber stets auf Unterstützer zurückgreifen, die ihnen ein Leben im Untergrund ermöglichten. So beispielsweise das Blood and Honour-Netzwerk und verschiedene rechtsextremistische Kameradschaften, die sich selbst als Gegner des demokratischen Systems verstehen. Die Sympathien für den NSU reichten dabei weit in das demokratische System hinein. So stehen viele Gewalt befürwortende Kameradschaften im Austausch mit der NPD, die als Partei nach parlamentarischer Teilhabe strebt und politische Macht gewinnen will. Studien des Instituts für interdisziplinäre Konflikt- und Gewaltforschung der Universität Bielefeld zeigen, dass rechtsextremistische Einstellungen keineswegs nur an den Rändern der Gesellschaft zu verzeichnen sind, sondern bis weit in die Mitte reichen.

Wir haben es mit sozialen Handlungszusammenhängen zu tun, die eine schrittweise Rechtfertigung und Normalisierung extremer Einstellungen mit einhergehender Gewaltakzeptanz ermöglichen. Entlang dieser Sphären vollziehen sich Radikalisierungsprozesse.

Stellt man sich diese Handlungszusammenhänge – wie etwa die Sozialwissenschaftler Wilhelm Heitmeyer und Dierk Borstel ausführen – als eine Zwiebel vor, so identifizieren wir entlang der äußeren Membranen die moderateren Einstellungsmuster und Inhalte. Je weiter man sich aber in ihr Zentrum bewegt, desto extremer und gewaltbefürwortender werden die Botschaften.

Entsprechend werden auch salafistische Handlungszusammenhänge in Deutschland verständlich, auf deren ideologische Fragmente sich viele islamistische Attentäter beziehen. Neben dem friedfertigen puristischen Salafismus müssen wir zwischen politischen und dschihadistischen Ausprägungen unterscheiden. Der Salafismus versteht sich im Allgemeinen als eine Erneuerungsbewegung – eine Erneuerungsbewegung allerdings, die auf alte Werte zurückgreift und die zum Ur-Islam zu Zeiten des Propheten zurückkehren will. Führen wir uns noch einmal die Zwiebelmetapher vor Augen, so haben wir außen den politischen Salafismus mit Persönlichkeiten wie dem bekanntesten deutschen Prediger Pierre Vogel, der nicht müde wird zu betonen, dass er sich als Vertreter einer Friedensbewegung versteht und mit Gewalt nichts tun hat. Nichtsdestotrotz rekurriert er im Zuge seiner Auftritte auf eine Ideologie der Ungleichwertigkeit, die zwischen Gläubigen und Ungläubigen unterscheidet. Man ist demnach entweder für Gott oder man ist gegen Gott, man ist Freund oder man ist Feind. In diesem Zusammenhang werden Vertreter anderer Konfessionen als Ungläubige markiert, die mit den Mitteln des Dschihad bekämpft werden müssen.

Während *Dschihad* im Islam ganz allgemein »Anstrengung für den Glauben« bedeutet, erfährt der Begriff im Rahmen politisch-salafistischer und dschihadistischer Weltanschauung zweierlei Ausprägung. Die politischen Salafisten fokussieren die Missionierung, die Dschihadisten den Kampf.

Pierre Vogel und seine Mitstreiter haben es geschafft, den Salafismus mit einer regelrechten Marketingkampagne samt Merchandising-Produkten zu verbinden. So können Interessenten Schlüsselanhänger und T-Shirts im Corporate Design erwerben, es gibt eigens produzierte DVDs und natürlich zahllose YouTube-Videos, in denen die Ideologie aufbereitet wird.

Die dschihadistischen Propagandisten wiederum bauen auf der Rhetorik und dem Aktionismus der politischen Salafisten auf. So tut es beispielsweise einer der bekanntesten deutschsprachigen Dschihadisten, Mohamed M., in einem YouTube-Video: Wie ein Einpeitscher steht er vor dem imaginierten Publikum und verkündet Sätze wie: »Ihr könnt T-Shirts mit der Aufschrift eurer Religion tragen, ihr könnt Spaß haben und Fußball spielen – aber denkt daran, dass ihr das tut, während eure Brüder und Schwestern leiden. Wann ist denn jemand von euch bereit, für seine Religion auch einzustehen?« Und Hasan K. in einem anderen Video: »Irgendwann werdet ihr euch vor Allah rechtfertigen müssen. Die vergewaltigten Schwestern, aufgereiht im zerrissenen Kleid, werden vor euch stehen und fragen: Wo wart ihr denn, als die Ungläubigen auf uns zuritten? Ihr habt doch gesagt, ihr seid Männer!« Nachdem Mohamed M. wegen Gründung einer terroristischen Vereinigung eine vierjährige Haftstrafe abgesessen hatte, ist er einige Monate später über Ägypten nach Syrien ausgereist. Mittlerweile verbreitet er Propaganda für den sogenannten Islamischen Staat. So tauchte er etwa in dem ersten IS-Hinrichtungsvideo auf, das in deutscher Sprache und für eine deutsche Zielgruppe produziert worden war. M. fordert darin die Brüder und Schwestern auf, ihm nach Syrien zu folgen.

Sowohl der politische als auch der dschihadistische Salafismus beziehen sich auf eine Weltanschauung, die von der Ungleichwertigkeit der

Menschen ausgeht. Die dschihadistischen Narrative sind somit direkt an die Inhalte des politischen Salafismus anschlussfähig. Dort, wo Menschen als nicht gleichwertig gelten, lässt sich Gewalt gegen diejenigen, die anders sind, rechtfertigen. Dieser Logik folgt die dschihadistische Propaganda, wenn sie an die mehr oder weniger gemäßigten Aussagen des politischen Salafismus anknüpft und hervorhebt, dass der fromme Glaube alleine nicht ausreiche, um die Brüder und Schwestern vor dem Westen zu schützen, sondern der Kampf der notwendige nächste Schritt sei. Somit geben sich die politischen und dschihadistischen Salafisten untereinander propagandistisch die Klinke in die Hand, auch wenn nur eine der beiden Seiten Gewalt öffentlich legitimiert.

Vergegenwärtigt man sich in dem Zusammenhang noch einmal den Radikalisierungsprozess des Arid U., lässt sich nachvollziehen, wie ein junger Mensch mit den neuen Werten und Normen, die ihn immer weiter in Richtung Gewalt – also die inneren Schichten unserer Zwiebel – treiben, vertraut gemacht wird. Auf der Suche nach dem Islam erschienen ihm die Darstellungen der politischen Salafisten besonders eindrücklich und nachvollziehbar. In kleinen Fragmenten wurde ihm der vermeintlich wahre Islam in einer Art und Weise nähergebracht, die er verstand. Er lernte den Salafismus zunächst nicht als gewalttätig, sondern von seiner sympathischen Seite kennen, wie in einem der vielen Street-Dawah-Videos, in denen Pierre Vogel in der Manier eines aufgeschlossenen Sozialarbeiters auf Jugendliche zugeht, sie in ihrer Sprache anspricht, Wechselseitigkeit und Verbindlichkeit ausstrahlt, Geschenke macht und ganz nebenbei die vermeintliche Wahrheit verkündet.

Auch Arid hatte solche Videos auf seinem Computer. Diese Inhalte mischten sich für ihn scheinbar unmerklich mit Produktionen von Dschihadisten, die sich als Persönlichkeiten glorifizieren, die für die Ziele, von denen andere nur großmäulig reden, kämpfen.

3

Was Terror ist: Schrecken provozieren und Unterstützer mobilisieren

Terroristische Handlungen dienen der gewaltsamen Durchsetzung ideologischer, politischer oder religiöser Motive. In dem Zusammenhang zielen sie auf die gewaltsame Herstellung öffentlicher Aufmerksamkeit ab. Auf der einen Seite sollen Angst und Schrecken innerhalb der Gesellschaft verbreitet werden, auf der anderen Seite wollen die terroristischen Gruppierungen Sympathisanten und potenzielle Unterstützer auf sich aufmerksam machen und mobilisieren. Eine solche Strategie scheint bei groß inszenierten Anschlägen wie bei denen vom 11. September 2001 in New York offenkundig. Der sogenannte Islamische Staat sowie schon dessen Vorgänger, der Islamische Staat im Irak, haben es verstanden, die Medien und nicht zuletzt die sozialen Netzwerke wie Facebook, YouTube und Co. bewusst als Vehikel ihrer Terrorbotschaft zu instrumentalisieren.

Abu Musab al-Zarqawi, Anführer der Al-Qaida im Irak, machte sich durch seine mediale Inszenierung als al-Zarqawi der Schlächter einen

Namen. Seinen Ruf erarbeitete er sich, indem er US-amerikanische Geschäftsmänner entführen ließ, um sie dann vor der laufenden Kamera eigenhändig zu enthaupten. Das war eine Dimension der Brutalität, die selbst bei Al-Qaida in den eigenen Reihen dazu führte, dass viele zu ihm auf Distanz gingen. Nichtsdestotrotz schaffte er es, sich mithilfe dieser Videos selbst zu einer Marke zu stilisieren.

Wer diese Videos heute betrachtet, denkt unweigerlich an Jihadi John, der aufgrund seiner über soziale Netzwerke verbreiteten Enthauptungsvideos als vermummter Scharfrichter des sogenannten Islamischen Staates bekannt geworden ist und mittlerweile bei einem US-amerikanischen Militärschlag getötet wurde.

Er ist ein paradigmatisches Beispiel für das Potenzial, das soziale Netzwerke für Terroristen bergen: Wird ein Mensch in einem Kriegsgebiet wie dem Irak enthauptet, ist die Wahrscheinlichkeit zunächst gering, dass dies fernab des direkten Umfeldes Beachtung findet. Eine solche Tat würde inmitten kriegerischer Unruhen einfach untergehen. Inszeniert man die Gewalt jedoch über die sozialen Medien, lässt sich der Westen erreichen. Und zwar an den massenmedialen Filtern vorbei direkt in der Mitte der Gesellschaft – was eine solche Inszenierung zu einem sehr machtvollen Faktor für die jeweils beteiligten Gruppen werden lässt. Auch bei dem Anschlag vor den Toren eines Musikfestivals in Ansbach am 24. Juli 2016 sollte es eigentlich um eine solche Inszenierung gehen. Der ursprüngliche Plan des Täters war es, seinen mit Sprengstoff gefüllten Rucksack inmitten der feiernden Menschenmenge abzustellen und die Zündung aus der Ferne mit seinem Mobiltelefon zu filmen.

Der Anschlag auf das World Trade Center am 11. September 2001 wurde aus hierarchisch strukturierten Netzwerken heraus begangen. Ähnlich wie später der IS seine Anschläge am 13. November 2015 in Paris koordinierte. Es gab eine klare Befehlskette, die von einer Führungsriege ausging, von Personen, die sich um die Logistik und ideologische Rechtfertigung der Anschläge kümmerten. Am Ende der Hierarchieleiter standen – im übertragenden Sinne – die Fußsoldaten, die eine derartige Tat entsprechend der Anweisungen von oben auszuführen hatten. Die Führungsebene bestimmte, wann und wie eine Tat stattzufinden habe.

Der mehr als zehn Jahre andauernde Krieg gegen den Terrorismus führte jedoch dazu, dass die Strukturen von Al-Qaida und der ihr nahestehenden Verbünde weiter und weiter geschwächt wurden. Einen ressourcenzehrenden Anschlag, wie wir ihn im September 2001 erleben mussten, traute man der Organisation nicht noch einmal zu. Auch der IS hat mittlerweile den Großteil seiner koordinierenden Zentren aufgeben müssen.

Allerdings wissen wir aus der Geschichte des Extremismus, dass Repression immer auch zu Innovation aufseiten terroristischer Gruppen führt, wie etwa der Gewaltforscher Wilhelm Heitmeyer hervorhebt. Dies trifft sowohl auf den Islamismus als auch den Rechtsextremismus zu.

So führte das ehemals führende Ku-Klux-Klan-Mitglied Louis B. in einem prominent gewordenen Essay aus, dass rechtsgerichtete Organisationen im Kampf gegen das System einen Strategiewechsel fokussieren müssten, um flexibel auf Verfolgungsdruck durch die Behörden und die Vereitlung von Anschlagsplänen reagieren zu können. Die Lösung war für B. das Prinzip des führerlosen Widerstandes, das zuvor schon bei den Anarchisten zentral geworden war. Seiner Vision zufolge müsse man die Gesellschaft von innen unterwandern, um gegen den ungleichen Gegner mit seinen mächtigen Ressourcen bestehen zu können. Die Attentäter in spe sollten ihren anvisierten Opfern morgens die Brötchen verkaufen, ihre Kinder in den Schulen unterrichten, ihnen ihre Zeitungen bringen – und irgendwann, wenn keiner damit rechnet und die Zeit günstig erscheint, sollten die »einsamen Wölfe« zuschlagen, ohne vorher auf einen Befehl von oben warten zu müssen.

Im Jahr 2003 gab es die ersten entsprechenden Aufrufe von Osama bin Laden, der Anhänger und Sympathisanten ihn ähnlicher Weise dazu aufforderte, nicht mehr auf Instruktionen der Führung zu warten, sondern in eigener Verantwortung zu handeln. Wer sich mit der Ideologie der Al-Qaida identifiziere, der solle eine Tat begehen, wann und wo immer er ihre Ausführung für zielführend erachte – auch das ist eine Strategie für terroristische Einzeltäter. Und schließlich gab auch der sogenannte Islamische Staat durch seinen Sprecher aus: »Wenn du einen ungläubigen Europäer oder Amerikaner töten kannst, einen aus den Staaten, die eine Koalition gegen den sogenannten Islamischen Staat gebildet haben, besonders die schmutzigen Franzosen, Kanadier oder Australier, dann bring ihn um, egal wie. Zertrümmere seinen Schädel mit einem Stein, schlachte ihn mit einem Messer ab, überfahre ihn mit einem Auto.«

Durch die Verbreitung ihrer Aufrufe über das Internet hatten unter anderem bin Laden und B. die Grundlage für das sogenannte *Lone-Wolf*-Phänomen gelegt – wobei über den Begriff *Lone Wolf* an anderer Stelle noch zu sprechen sein wird.

Die extremistischen Bewegungen waren also nicht mehr die direkten Choreografen der Gewalt, sie wurden vielmehr zu einer Art ideologischem Zulieferer, indem sie die Inhalte bereitstellen, die es Menschen überall auf der Welt erlauben sollten, sich mit der Gruppe zu identifizieren und Gewalttaten in ihrem Sinne zu rechtfertigen.

Entsprechend haben wir seit 9/11 gerade im Westen mehr mit autonomen Terrorzellen und Einzeltätern sowie veränderten Anschlagsmustern zu tun gehabt. Nachdem Al-Qaida lange Zeit auf die Bombe aus dem Hinterhalt setzte, ging man nun zum Prinzip der tausend Nadelstiche über. Würde man viele Leute zu solchen Taten, wie wir sie bei Arid U. am Frankfurter Flughafen erlebt haben, bewegen können, wirke man nach außen als große und koordinierte Bewegung.

Interessant ist die Tatsache, dass es für die ausführenden Täter oftmals gar nicht entscheidend zu sein scheint, mit welcher Gruppe sie sich assoziieren. Bei den ersten Paris-Attentaten in den Redaktionsräumen der Satire-Zeitschrift *Charlie Hebdo* hatten sich zwei der Attentäter Al-Qaida im Jemen zugeordnet, während der dritte Täter in einem online veröffentlichten Video al-Baghdadi, dem selbst ernannten Kalifen des sogenannten Islamischen Staates, gegenüber den Treueschwur abgeleistet hatte. Die Attentäter bezogen sich also auf zwei Organisationen, die sich als erbitterte Konkurrenten gegenüberstehen. Entscheidender scheint das globale Narrativ, das diese beiden Gruppen eint: Schwarz gegen Weiß, wir gegen die, Sunniten gegen Schiiten, Muslime gegen die westliche Welt, Gläubige gegen Ungläubige, und die vermeintlich moralische Höherwertigkeit der eigenen Gemeinschaft.

Auch in Deutschland gibt und gab es immer wieder autonome Zellen, sowohl im rechtsextremen als auch islamistischen Spektrum. Beispiele für den islamistischen Bereich sind die Kofferbomber von Köln und Koblenz, zwei junge Libanesen, die im Jahr 2006 Anschläge auf Regionalzüge planten, oder auch die sogenannte Sauerland-Zelle. Auch der IS hat es mit seiner Strategie mittlerweile geschafft, immer mehr Menschen zu Taten im Westen zu bewegen. Während die Organisation von 2013 bis 2016 größtenteils junge Personen zur Ausreise in den Irak und nach Syrien locken konnte, ebbte diese Bewegung im Jahr 2016 fast vollständig ab. Mit den militärischen Rückschlägen wuchs auf den sogenannten Islamischen Staat jedoch der Druck, sich vor den Sympathisanten weiterhin als handlungsmächtig zu inszenieren. Neben koordinierten Attentaten war eine Vielzahl kleinerer Anschläge im Westen die Folge. So etwa in Ludwigshafen, als ein 13-jähriger Junge gleich zweimal versuchte, eine Bombe auf einem Weihnachtsmarkt zu zünden. Weitere Beispiele sind das Attentat 2016 in Hannover, bei dem die 16-jährige Safia S. einem Bundesbeamten der Polizei unvermittelt ein Messer in den Hals stach, oder als sich mehrere Jugendliche in Essen radikalisierten und 2016 mittels eines umgebauten Feuerlöschers einen Anschlag auf einen Sikh-Tempel durchführten.

Aufseiten des rechtsextremistischen Spektrums ist natürlich der »Nationalsozialistische Untergrund« zu nennen. Aber auch danach fanden sich Menschen vor dem Hintergrund rechtsextremer Ideologie zusammen, um schwerste Gewalttaten zu verüben, wie etwa das Kommando Werwolf, die Gruppe Freital oder die Oldschool Society, eine neonazistische Terrororganisation, die Anschläge auf Moscheen und Asylbewerber-Unterkünfte plante. Letztere rekrutierte unverhohlen öffentlich auf Facebook:

»Die Organisation ›Oldschool Society‹ ist eine Verbindung gleichgesinnter Menschen, die die Werte Respekt, Loyalität, Ehre, Bruderschaft und Toleranz nicht nur als Floskel sehen, sondern diese Tugenden leben. Unser Motto lautet: wieder zurück zu den Wurzeln, zu unseren alten Traditionen. In einer Zeit, in der es unzählige Kameradschaften gab, ohne Konkurrenz, ohne Kriege, ohne Revierkämpfe. Im Mittelpunkt standen der Kampf um die Straße sowie die Heimat und das Feiern der Feste, wie sie fallen. Gesucht werden Menschen, die ihr Vaterland lieben!«

Die Mechanismen funktionieren auf allen Seiten des Terrorismus recht ähnlich. So muss man davon ausgehen, dass sich in Zukunft sehr schnell terroristische Zellen bilden können, weil die ideologische Legitimation, die solche Menschen für einen Anschlag benötigen, vor allem im Internet allgegenwärtig und immer verfügbar ist.

Will man Radikalisierung – den Prozess, der eine wesentliche Voraussetzung für die Rekrutierung von Terror-Unterstützern ist – verstehen, ist es sinnvoll, sich zunächst mit den radikalen Kontexten zu beschäftigen. Welche kulturellen Angebote gibt es? Interessant ist außerdem die Frage, warum und wo eine Person mit extremistischen Inhalten in Kontakt kommt.

Letzteres kann beispielsweise durch das soziale Umfeld oder eigene Persönlichkeitseigenschaften bedingt sein. So kann jemand in einem Umfeld aufwachsen, in dem entsprechende Szenen präsent sind. Die Wahrscheinlichkeit, dass diese Person zum Ziel von Rekrutierungsbemühungen wird, steigt alleine durch die Präsenz der Gruppe im eigenen Lebenskontext. Auf diese Art und Weise kann sich etwa die verdeckte Rekrutierung vollziehen. Es sind Fallbeispiele aus dem rechtsextremen Bereich bekannt, in denen etwa ein im Dorf anerkannter Fußballtrainer Heranwachsende in die Szene zu ziehen versucht, ohne dass es der potenzielle Rekrut selbst merkt.

Auf der anderen Seite gibt es aber auch die Menschen, die eigenständig nach extremistischen Strukturen suchen, weil sie ihnen geeignet erscheinen, gewisse Bedürfnisse zu befriedigen. Diese können ebenso vielfältig sein, wie es die Angebote sind, die extremistische Szenen bereitstellen: etwa der Wunsch nach sozialer Anerkennung und Bespiegelung, Karriere, Sinn und Struktur, Möglichkeiten, Dominanz oder Abenteuer zu erleben oder sich mächtig zu fühlen. Es stellt sich natürlich die Frage, was den Einzelnen anfällig macht, gerade solchen radikalen Kontexten anheimzufallen. Gibt es spezifische Risikofaktoren? Und was bringt diese Menschen dazu, sich auf der Radikalisierungsspirale immer weiterzudrehen? Im Mittelpunkt steht also immer ein Prozess: Welche Attraktivitätsmomente stehen am Anfang? Was führt dazu, dass ich mich in einer solchen Szene wohlfühle? Und was drängt mich schließlich zur Gewalt?

Radikalisierung bedeutet immer auch, dass sich Menschen von konventionellen Normen und Wertvorstellungen abwenden. Dass sie sich also von dem, was in einer demokratischen Gesellschaft als gegeben angesehen wird, verabschieden, und neuen menschenverachtenden Weltanschauungen folgen. Gerade zu Beginn eines Radikalisierungsprozesses steht die extremistische Szene immer in Konkurrenz mit anderen wichtigen Bezugspersonen, etwa der Familie, Freunden, Lehrern et cetera.

Aus der Forschung wissen wir, dass wir geneigt sind, die Normen und Werte von Menschen zu übernehmen, die für unser emotionales, psychisches und physisches Wohlbefinden sorgen. Wenn aber genau das die Familie, die Schule, der Arbeitgeber oder der Freundeskreis nicht mehr schaffen, können extremistische Gruppierungen mit alternativen Weltanschauungen ein leichtes Spiel haben. Internationale Befunde zeigen, dass sich ein Großteil der Menschen, die sich radikalisieren, im Jugend- beziehungsweise frühen Erwachsenenalter befindet: Es sind Menschen im Alter zwischen 14 und 35 Jahren, die besonders ansprechbar für Ideologien sind.

Richten wir unseren Blick in diesem Zusammenhang auch einmal auf jene Menschen, die aus Deutschland in Richtung Syrien und Irak gereist sind, verzeichnen wir bei vielen zum Zeitpunkt der Ausreise ein Alter zwischen 23 und 26 Jahren, während beim Eintritt in die Radikalisierung der Anteil der 16- bis 24-Jährigen hoch ist. Es handelt sich hier also um deutlich jüngere Menschen, die sich in einer Lebensphase befinden, in der sie stark auf ihre eigenständige Identitätsbildung fokussiert sind.

Sie treten erstmalig aus familiären Zusammenhängen heraus und sind bestrebt, ein eigenes Lebenskonzept und einen eigenen Standpunkt in Bezug auf die drängenden Fragen in dieser Welt zu finden. Es scheint zunächst wenig überraschend, dass in dieser Phase Ideologien interessant werden, die ein eher simples Schwarz-Weiß-Denken vermitteln. Denn sie geben einfache Antworten auf komplexe Fragen. In diesem Zusammenhang sei erneut hingewiesen auf die Attraktivität rigider Weltanschauungen in Umbruchsituationen.

Ein stabiles Identitätsgefüge aufzubauen ist natürlich schwieriger in einer Welt, in der wir mit vielfältigen Wertvorstellungen konfrontiert sind. Was auf der einen Seite eine Chance ist, kann auf der anderen Seite zur Last und Überforderung werden. Insbesondere dann, wenn sich Menschen im Wald der Möglichkeiten verloren fühlen. In einer Welt, in der scheinbar alles möglich ist, wird jeder zu seines eigenen Glückes Schmied. Das bedeutet aber natürlich auch, im Fall des Scheiterns selbst die Verantwortung tragen zu müssen. Extremistische Ideologien helfen dabei, die Schuld für die eigenen Probleme außerhalb der eigenen Person zu verorten. Damit können sie zunächst zur Selbstentlastung und zum Spannungsabbau beitragen.

4

Was den Mobilisierungserfolg des sogenannten Islamischen Staates ausmacht

Um zu verstehen, worin der Mobilisierungserfolg des sogenannten Islamischen Staates begründet liegt und was Jugendliche in den letzten drei Jahren in Richtung Irak oder nach Syrien trieb, muss man sich mit seinen Hintergründen beschäftigen: Ein wesentlicher Aspekt ist, dass es sich beim sogenannten Islamischen Staat um eine radikal-sunnitische Terrororganisation handelt, die sich vor allem durch ihre Brutalität und Gewalt einen Namen gemacht hat. Diese Gewalt ist zu einem Charakteristikum des sogenannten Islamischen Staates geworden. Gleichzeitig sind etwa die berüchtigt gewordenen Enthauptungsvideos ein Zeichen an die Sympathisanten: Wir sind die Handlungsmächtigen, wir tun etwas. Vor allem lautet die Botschaft, dass man zu allem bereit ist, um zu einem Kalifat, dem Sehnsuchtsort der Dschihadisten, zurückzukehren und sich gegen die Ungläubigen abzugrenzen – sie letztlich vor allem zu besiegen. Diese Brutalität hat der bereits genannte, im Jahr 2006 bei einem Luftangriff ums Leben gekommene Abu Musab al-Zarqawi, Anführer der Al-Qaida im Irak, zu einem festen Merkmal des sogenannten Islamistischen Staates gemacht. Al-Zarqawi war ein typischer Anführertyp, der nicht einmal sonderlich religiös gebildet war und außerdem auf eine recht umfassende kriminelle Vergangenheit verweisen konnte. Zunächst war er in Afghanistan aktiv, witterte dann aber seine Chance, sich einen Namen zu machen, als die amerikanischen Truppen im Irak einmarschierten. In der Folge organisierte er im Irak in den Jahren 2003 bis zu seinem Tod 2006 zahlreiche Kidnappings, Bombenanschläge und Enthauptungen. Vor allem ging es dabei darum, Aufmerksamkeit zu erregen. Zum einen für seine eigene Person, was natürlich für einen gewissen Narzissmus spricht, der befriedigt werden wollte. Zum anderen aber ging es ihm um Aufmerksamkeit für die Sache, die er auserwählt hatte, um für sie zu kämpfen: seine antiwestliche und auch antischiitische Agenda.

Den Nährboden, aus dem der sogenannte Islamische Staat entstand, bot wesentlich der Umstand, dass etwa zwei Millionen Iraker aus ihrem Land und ihren beruflichen Stellungen verdrängt wurden. Insbesondere Sunniten waren davon betroffen. Aus einer anfänglich ausbalancierten Verteilung von Sunniten und Schiiten entstand nach und nach eine Verlagerung von 90 zu 10 Prozent zugunsten der Schiiten, während die Sunniten das Nachsehen hatten. So wurden unter anderem 30 000 Mitglieder der ehemaligen Baath-Partei des irakischen Diktators Saddam Hussein aus den Behörden und Ministerien entfernt, ihre Posten anschließend mit Schiiten besetzt. Zwar erhielten einige Sunniten ihre Arbeitsplätze zurück, nachdem sie erfolgreich geklagt hatten, insgesamt führten die Veränderungen jedoch zu einer starken Polarisierung im Land was auch zur Formierung sunnitischer Widerstandsgruppen führte.

In dieser Zeit konnte sich al-Zarqawi als Kämpfer für das Volk profilieren, indem er einen Al-Qaida-Ableger gründete. Nach al-Zarqawis

Tod im Jahr 2006 benannte Abu Omar al-Baghdadi, al-Zarqawis Nachfolger, die Organisation um in Islamischer Staat im Irak, kurz ISI. Mit dem Beginn des Krieges in Syrien rief Al-Qaida dazu auf, dass sich die Dschihadisten nun in diesem neuen Konflikt im Kampf gegen den syrischen Herrscher Assad engagieren. Al-Qaida im Irak schickte schließlich einen Ableger nach Syrien geschickt, wo sich 2011 Jabhat al-Nusra gründete, was so viel wie »Die Unterstützerfront« heißt. 2013 schließlich kam es zu einem Bruch zwischen ISI und dem syrischen Al-Qaida-Ableger al-Nusra. Al-Qaida-Anführer al-Zawahiri stellte sich öffentlich gegen ISI-Chef al-Baghdadi und erklärte, dass dessen Vorhaben mit der eigenen Agenda eigentlich nichts mehr zu tun habe. Derartige Konflikte darüber, wann Gewalt legitimiert ist und wie brutal man sich verhalten kann oder muss, um die eigenen Sympathisanten nicht zu verschrecken, gibt es immer wieder zwischen extremistischen Gruppen. Die Streitigkeiten führten letztlich dazu, dass sich der bisherige Islamische Staat im Irak nur noch Islamischer Staat nannte und damit öffentlich machte, dass man die gesamte Region und nicht allein den Irak für sich reklamierte. Seitdem gibt es mit dem sogenannten Islamischen Staat und Al-Qaida zwei Gruppen, die erbitterte Feinde sind.

Im Juni 2014 rief al-Baghdadi den Islamischen Staat aus und nahm selbst die Stellung des Kalifen ein. Es folgte eine große Mobilisierungswelle, es kämpften etwa 30 000 Menschen für den sogenannten Islamischen Staat, der zwischenzeitlich weite Teile Syriens und des Iraks unter sich hatte, der außerdem lukrative Ölfelder kontrollierte und damit Geldreserven in Höhe von vielen Millionen Dollar anhäufen konnte. Hinzu kamen Unterstützer sowie Sympathisanten auf der gesamten Welt.

Der sogenannte Islamische Staat geht wesentlich auf den Arabischen Frühling zurück, auf den Aufstand in Syrien und zudem auf das Erstarken der sunnitischen Widerstandsgruppen im Irak. Auch die pro-schiitische Agenda des irakischen Ministerpräsidenten al-Maliki hat gewiss ihren Teil zu der Entwicklung beigetragen, weil die Sunniten damit wieder in eine marginalisierte Rolle gedrängt wurden – was es dem sogenannten Islamischen Staat erlaubte, seinen Opfermythos aufrechtzuerhalten. Er konnte weiterhin Anhänger für eine vermeintlich gute Sache mobilisieren.

Die Auslandskämpfer der Organisation kamen aus zahlreichen Nationen. Sie stammen aus Turkmenistan, Tadschikistan, Usbekistan, Ägypten, Libyen oder dem Libanon, zudem aus den USA, aus Kanada, aus Korea, China und natürlich aus verschiedenen europäischen Ländern. Unter den Europäern stammte die größte Gruppe aus dem Vereinigten Königreich, gefolgt von Frankreich, Belgien, Deutschland und den Niederlanden.

Inzwischen ist der IS längst bekannt dafür, dass er extreme Gewalt gegen jeden anwendet, der sich gegen ihn stellt. Er zeigt in seinen für die westliche Welt produzierten Videos, dass er weder einen großen Unterschied macht zwischen Soldaten und Zivilisten noch zwischen Männern, Frauen und Kindern. Gewalt wird gegen jeden eingesetzt und auch dokumentiert. Mit dieser unfassbaren Brutalität hat sich der IS ein Markenzeichen geschaffen. Er setzt Brutalität gegen Schwächere ein, er inszeniert seinen Umgang mit bewaffneten Feinden, setzt auf Suizidanschläge, zelebriert Massenexekutionen und systematische Vergewaltigungen. Und immer wieder wurden Enthauptungsszenen in Umlauf gebracht, wie die von Jihadi John, dem kuwaitisch-britischen Terroristen, der im Jahr 2015 bei einem Drohnenangriff getötet wurde.

Der sogenannte Islamische Staat musste mittlerweile durch militärische Einsätze unter russischer sowie amerikanischer Führung herbe Rückschläge einstecken und verlor an territorialer sowie personeller Stärke. Wohl vor genau diesem Hintergrund sind Anschläge wie die in Paris oder Brüssel zu bewerten. Weil der IS zurückgedrängt wird, muss er sich davor hüten, Sympathisanten zu verschrecken und zu verlieren. Daher setzt man auf Anschläge in der fernen westlichen Welt, um auf diese Weise zu zeigen, dass man auf der globalen Agenda noch lange nicht am Ende ist. In der Propaganda wird derweil der Rückzug des IS als strategische Stärke stilisiert – der Feind wähne sich in Sicherheit. Man werde zwar örtlich zurückgedrängt, sei aber immer noch eine Macht, mit der permanent zu rechnen ist. Der Terror wird inszeniert, damit Sympathisanten mitbekommen, dass der IS die verheerendsten Anschläge durchführen kann.

Zu Zeiten der Konflikte zwischen al-Nusra und dem sogenannten Islamischen Staat, als sich al-Zawahiri gegen den IS stellte, liefen viele der Dschihad-Begeisterten zu der Gruppe, die ihnen am handlungsmächtigsten vorkam, über – dem IS.

Es geht in diesem Umfeld immer darum, Stärke zu inszenieren, auch wenn diese Stärke faktisch gar nicht vorhanden ist. Wird man in der eigenen Region zurückgedrängt, inszeniert man also an irgendeinem Ort auf der Welt einen Anschlag und beweist auf diese Weise seine Handlungsfähigkeit und -macht. Dies war lange Zeit auch Al-Qaidas Strategie. Man legt es darauf an, dass ein Pool an Personen nachwächst, der bereit ist, sich der Gruppe anzuschließen und in den Kampf für sie zu ziehen.

Auch innerhalb der Gruppierung tragen verschiedene Mechanismen dazu bei, ihre Macht aufrechtzuerhalten. So wurden im sogenannten Islamischen Staat etwa Geheimdienstmethoden angewendet. Durch den Prozess gegen den IS-Kämpfer Nils D. aus Dinslaken im Jahr 2016 ist bekannt geworden, dass regelrechte Folterbrigaden existierten. Gegen Personen, die sich von innen heraus gegen den sogenannten Islamischen Staat stellen, wurde gnadenlos vorgegangen. Personen, die sich innerhalb des IS gegen die roheGewalt aussprachen, mussten um ihr Leben fürchten, weil sie als Verräter galten. Es gibt zahlreiche drakonische Strafen, deren Existenz über Twitter-Bilder, YouTube oder Instagram verbreitet wurden.

Die ehemaligen FBI-Profiler Thomas Neer und Mary Ellen O'Toole verweisen in diesem Zusammenhang auf das Milgram-Experiment. Im Rahmen eines sozialpsychologischen Experimentes an der Yale University befahl ein durch die Wissenschaftler bereitgestellter Versuchsleiter einer anderen Person, die wenig gewaltaffin war, einem Probanden Stromschläge zuzufügen. Der Versuschsleiter wurde im Verlauf des Experiments mit immer mehr Kompetenzen versehen, was dazu führte, dass die von ihm instruierten Personen den Probanden bereitwillig immer stärkere Stromschläge verabreichten. Eine Erkenntnis des Experiments war folglich, dass sich ein Mensch über die eigenen Hemmschwellen bringen lässt, wenn er Befehle eines anderen ausführt, dessen Autorität er höher als seine eigene einstuft.

Der sogenannte Islamische Staat stellt sich bei Weitem nicht so homogen dar, wie es uns sein ideologische Narrativ glauben machen möchte. Vielmehr gibt es auch hier die charismatischen Anführer und die Mitläufer. Bei denjenigen, die tatsächlich töten, gehen Kriminalpsychologen davon aus, dass dafür in erster Linie zwei Faktoren ausschlaggebend sind: Erstens gibt es den Auftrag von einem Führer, zweitens werden Taten gemeinsam begangen, was wiederum ein Gruppengefühl erzeugt und stärkt. Gemeinsam sucht sich die Gruppe zudem eine rationalisierende Grundlage für ihre Taten.

Im Jahr 2016 sind interne Papiere des IS aufgetaucht, die zeigten, dass die Organisation sehr akribisch Buch darüber führte, wer bei ihr etwa als Kämpfer agiert. Beim IS gab es regelrechte Ministerien: eines für die militärische Führung, eines für rechtliche Sicherheit, für Finanzen und auch einen Geheimdienst. Hinzu kommt ein eigener Medienarm, der sich vor allem mit Propaganda für den sogenannten Islamischen Staat beschäftigt.

Diesen Ministerien gehörten viele Baathisten aus Saddam Husseins Reihen an.

Im Ganzen war ein recht interessantes Zusammenspiel zu verzeichnen von jungen Dschihadisten, die kämpfen wollten, auf der einen Seite, und von alteingesessenen Militärs und Geheimdienstleuten, die die gesamte Organisation übernahmen, auf der anderen Seite.

Für den Westen und die Ausreisebewegung ist zudem die gesamte Medienstrategie des IS von Interesse. Da gibt es zum einen das sehr bekannt gewordene *Dabiq*-Magazin. Dabei handelt es sich um ein vom IS herausgegebenes Onlinemagazin, das in vielen Sprachen – unter anderem der deutschen – erhältlich ist. Darin wird der Kampf zwischen Gut und Böse groß inszeniert, unter anderem indem Bilder von Leichen gezeigt werden, etwa von getöteten Märtyrern, die – natürlich – immer noch ein Lächeln auf ihrem Gesicht haben. Die Gegner, die Ungläubigen, werden dagegen auf ganz andere Weise porträtiert: Als Tote mit verzerrten Gesichtern oder Bilder von verkohlten Leichen. Kommentiert mit den entsprechenden despektierlichen Worten, die Leser sollten doch einmal darauf achten, mit was für einem Lächeln *unsere* Märtyrer in das Himmelsreich gehen, und wie dagegen *unsere* Feinde in die Hölle fahren.

Es handelt sich bei dem *Dabiq*-Magazin um ein Journal, das den Rekruten auf der einen Seite die Geschichte des IS nahebringen will, in verklärter Form die Ziele des IS erläutert und aufzeigt, wie angenehm das Leben vor Ort ist. Auf der anderen Seite geht es indessen immer auch darum, wie mit den Feinden zu verfahren ist. Dies wird mit dem IS-Magazin *Rumiyah* auf die Spitze getrieben. Das im Vergleich zu *Dabiq* jüngere Magazin wurde schlicht für den Zweck entwickelt, Menschen zu Anschlägen im Westen unter dem Schirm islamistischer Ideologie zu motivieren und ihnen das Know-how in Form von Blaupausen für Anschlagspläne an die Hand zu geben. So glorifizierte etwa der IS über *Rumiyah* den Anschlag von Nizza und gab potenziellen Nachfolgern und Nachahmern Tipps, mit welchen Fahrzeugen eine entsprechende Tat die meisten Todesopfer nach sich ziehen würde. Die Nachfolge von *Rumiyah* auf *Dabiq* ist damit nur logisch, wenn man sich den Strategiewechsel des IS vor Augen führt.

Gleichzeitig ist der sogenannte Islamische Staat in den herkömmlichen Massenmedien präsent, indem auf sehr geschickte Weise etwa

Twitter-Kanäle oder YouTube genutzt werden, die gar nicht umhinkommen, zur Berichterstattung über die Organisation beizutragen und sich immer wieder zum Vehikel für die Botschaft des IS machen.

Darüber hinaus bleibt festzuhalten, dass der IS zwar einerseits diesen sehr organisierten Medienarm nutzt, andererseits aber eine Strategie fährt, die wir bereits von Al-Qaida kennen: Er fordert Unterstützer im Westen dazu auf, ihre eigenen Medienplattformen zu eröffnen. Diese Personen sollen sich also im Grunde selbst rekrutieren, sie sollen sich dem sogenannten Islamischen Staat zugehörig fühlen und sie sollen von zu Hause aus beispielsweise Propaganda übersetzen und weiterverbreiten.

Der IS nutzt damit sehr gezielt das Internet und setzt auf Möglichkeiten des Crowdsourcing, indem er Menschen sucht, die sich mit dem IS identifizieren, um diese im Anschluss dem eigentlichen Medienarm einzuverleiben. Und durch die Übersetzung von Propaganda tragen sie ihren Teil zum Dschihad bei. Unterstützt wird diese Strategie, Terror quasi ferngesteuert voranzutreiben, durch sogenannte Headhunter, die versuchen, meist junge Menschen über das Internet zu einem Terroranschlag zu bewegen. Beispiele, in denen die Täter per Chat angeleitet wurden, sind etwa die Taten von Würzburg und Ansbach.

Betrachtet man in diesem Zusammenhang die Propaganda, wird das subtile Vorgehen noch deutlicher. So inszeniert der sogenannte Islamische Staat seine Inhalte bewusst in westlichem Chic, versucht, Ideologie mit Erlebnis-Flair zu ergänzen. Für die Produktion seiner Videos nutzt er etwa Szenen aus beliebten Videospielen. So werden Anleihen bei dem Titel »Grand Theft Auto V« (kurz GTA V) genommen. Darin schlüpft der Spieler in die Rolle verschiedener Charaktere und begeht kriminelle Taten. Im Video des IS wurden die Szenen aus dem Spiel mit Worten untertitelt, die sinngemäß lauten: Was du täglich in deinem Zimmer am Computer oder an der Konsole spielst, erleben wir täglich auf dem Schlachtfeld – also komm zu uns.

Ähnlich verhält es sich in den realweltlichen Szenezusammenhängen. Auch hier stehen Abenteuer und Gemeinschaft im Vordergrund. Man trifft sich mit Gleichgesinnten, man unternimmt gemeinsam etwas, man reist zusammen, geht zum Beispiel auf Pilgerfahrt, und nebenbei tauscht man sich über seine Weltanschauungen aus. Ideologie wird direkt mit Freizeitwert verbunden – Personen, die in diesen Strudel geraten, bekommen zeitgleich politische Botschaften an die Hand, die ihnen dabei helfen, ihre sozialen Interaktionen zu strukturieren und sich relativ sicher im Umgang mit ihrer Umwelt zu fühlen. Der junge Mensch ist also nicht (mehr) einfach jemand, der orientierungslos durch die Welt läuft, sondern jemand, der sich auf der Grundlage einfacher Standpunkte zu den Problemen in dieser Welt behaupten kann. Das sind Mechanismen, die sowohl innerhalb salafistischer und dschihadistischer als auch innerhalb rechter und linker Gruppierungen greifen.

Interessant ist in dem Zusammenhang, dass dschihadistisches Propagandamaterial inzwischen in nahezu jeder Sprache verfügbar ist. Das gilt nicht zuletzt für die bereits angesprochenen A-cappella-Propaganda- oder Kampflieder wie »Mutter bleibe standhaft«, das Arid U. hörte. Für nahezu jedes europäische Land haben dschihadistische Gruppierungen wie Al-Qaida oder der sogenannte Islamische Staat Personen, die als Propagandisten aufgebaut werden und die Kommunikation mit potenziellen Rekruten in der jeweiligen Landessprache übernehmen. Das geht so weit, dass für den deutschsprachigen Bereich nicht nur vorgegebene Inhalte aus dem Arabischen übersetzt, sondern diese auch auf die Lebenswirklichkeit von Menschen in Deutschland übertragen werden. Da wird aus der von Syrien oder Pakistan gesendeten Propaganda aktiv auch Islamophobie in Deutschland angesprochen, es wird auf Konfrontationen zwischen Salafisten und Polizisten wie vor geraumer Zeit in Solingen eingegangen. All das wird zum Thema gemacht, um Jugendliche da abzuholen, wo sie in ihrem Leben gerade stehen. Dabei versucht man, Kränkungen und mögliche Erfahrungen von Diskriminierungen bei den Adressaten zu verfestigen: »Ihr fühlt euch als nicht zugehörig? Kein Wunder, die Deutschen werden euch nie an ihrer Gemeinschaft teilhaben lassen. Ihr werdet dort immer Fremde bleiben, auch wenn ihr dort geboren seid. Also kommt zu uns, wenn ihr Zugehörigkeit erleben wollt.«

Auch das Naschid »Mutter bleibe standhaft« stammt von einem der Propagandastars der Al-Qaida. Solche Personen produzieren vielfältige Inhalte für ihre Anhänger. Da gab es etwa einen Mordaufruf, bei dem der Protagonist mitteilte, dass er sich gerade in Pakistan aufhalte und mit Sorge beobachte, was in Deutschland geschehe. Die Bürgerbewegung PRO NRW habe Mohammed-Karikaturen gezeigt, wofür die Verantwortlichen sterben müssten. Diese Tötungen sollten allerdings nicht öffentlich, sondern in einer Art Geheimdienstverfahren erfolgen. Da wendet sich also jemand aus Pakistan an ein deutsches Publikum – ein Kämpfer, der die eigene Biografie öffentlich inszeniert und sich damit Autorität verschafft, da er als Mujaheddin kämpft.

Ein weiteres Beispiel dafür ist der ehemalige Gangsta-Rapper Denis C. alias Deso Dogg, der, bevor er für den sogenannten Islamischen Staat aktiv war, Propaganda für Al-Qaida verbreitete. Auch er wurde als eine dieser charismatischen Persönlichkeiten von einer terroristischen Vereinigung aufgebaut, um die Rekrutierungen in ihrem Heimatland in die Hand zu nehmen. Die Medien haben ihr Übriges zu seiner Glorifizierung in der Szene beigetragen. Immer wieder wurde fälschlicherweise berichtet, dass er bei Angriffen ums Leben gekommen sei. Dadurch bekam er eine Bühne und konnte sich seinen Fans als nahezu unsterblich präsentieren, wenn er nach seinem vermeintlichen Tod wie Phönix aus der Asche stieg und das Wort erneut an seine Gemeinde richtete.

III

Rekrutierung und Radikalisierung im Internet

5

Wie der Terror den Cyberspace erobert hat

Medienwissenschaftlichen Analysen zufolge nutzen heute ungefähr 99 Prozent aller Kinder und Jugendlichen soziale Medien wie Facebook, YouTube, Instagram und WhatsApp, um sich sowohl Tag für Tag über die Welt zu informieren, Beziehungen zu pflegen oder neu aufzubauen, als auch, um sich selbst darzustellen. Extremistische Gruppen haben schnell das Rekrutierungs- und Mobilisierungspotenzial dieser Netzwerke erkannt.

Dabei scheinen sie sich im Klaren darüber zu sein, wer anfällig für ihre Propaganda ist. Sie finden solche Menschen, indem sie im Internet die Interaktionen Einzelner beobachten und anschließend jene Personen ansprechen, die bereits eine gewisse Offenheit gegenüber der Ideologie zeigen. Solche, die zum Beispiel »Gefällt mir« bei salafistischen Inhalten geklickt oder ihre Probleme offen mit anderen diskutiert haben. Die Organisationen haben teilweise sogar Strategiepapiere für ihre Mitglieder entwickelt, in denen vorgegeben wird, an welchen Diskussionen sich Mitglieder beteiligen und welche sie selbst initiieren sollen.

Unterhalten sich junge Menschen auf Onlineplattformen über ihren Weltschmerz oder tauschen sich über Diskriminierungserfahrungen, die sie selbst gemacht haben, aus, sind Vertreter extremistischer Gruppierungen häufig zur Stelle. Sie geben sich gerne als Sozialarbeiter, die die Sorgen der Jugend verstehen und online als Ratgeber zur Verfügung stehen. Zur Hilfestellung gehören Antworten: Antworten auf die Fragen, wer für das Leid auf dieser Welt verantwortlich ist, wo die Wurzel allen Übels liegt und vor allem wie man sich zu verhalten hat, um diese Zustände zu ändern. Es sind einfache Antworten. Denn Ideologien – egal, ob sie dem rechten, linken oder islamistischen Spektrum zuzuordnen sind – definieren, wer Freund und wer Feind ist, sie schreiben der Identität des Einzelnen Bedeutung zu, sie bieten Mittel zum Selbstausdruck und zur Selbstergänzung an. Allein Szenekleidung stellt bereits einen relativ simpel zu erreichenden Anknüpfungspunkt dar.

In der Auseinandersetzung mit Mitschülern und Eltern kann die Ideologie zu einem vermeintlich festen Standpunkt in Bezug auf gesellschaftliche Fragen werden und auch mit einem sich entwickelnden Gefühl der Überlegenheit einhergehen. Extremismus wirkt damit nicht nur über den ideologischen Kanal, sondern er ist immer auch mit einem besonderen Lebensgefühl und Lebenswert für jene verbunden, die in ihn eintauchen.

Die Fähigkeit einer jeden extremistischen Gruppe, Anhänger und Sympathisanten anzusprechen, ist maßgeblich verantwortlich für den Erfolg beziehungsweise den Misserfolg und damit das Fortbestehen der Gruppierung.

Das Internet ist dabei zu einem der wichtigsten Instrumente geworden. Sowohl die Quantität propagandistischer Inhalte als auch die Reichweite entsprechender Inhalte haben deutlich zugenommen. Die extremistischen Gruppen nutzen die sozialen Netzwerke unter anderem, um ihre Ware, die ideologischen Fragmente, wie in einem Schaufenster zu präsentieren.

Jeder Nutzer kann die Angebotspalette sichten und sich heraussuchen, was ihm gefällt. Anders B., der Attentäter von Oslo und Utøya, hat dies vorgemacht. Neben Anti-Islamforen, in denen er sich aufgehalten hat, hat er sich seine Inspirationen sowohl in rechtsextremistischen als auch in linksextremistischen und dschihadistischen Foren geholt. So paradox es klingt, für die gewaltorientierten Islamisten brachte er sogar Respekt auf, weil diese für ihre Sache einstanden und bereit waren, für den Fortbestand ihrer Kultur zu kämpfen und zu sterben.

Der Fall Anders B. hat deutlich gemacht: Ideologien lassen sich offensichtlich auch in Patchworkmanier miteinander verbinden. In Zeiten des Internets kann sich Radikalisierung im Sinne der Aneignung ideologischer Inhalte immer schneller vollziehen. Nur sehr wenige Gewalttäter kennen die ideologischen Ursprünge im Detail, mit denen sie ihr Handeln rechtfertigen. Vielmehr beziehen sie sich auf einzelne Eckpunkte, die sie sich ihren Bedürfnissen entsprechend auswählen.

6

Terror-Akquise im Netz: Die Chatprotokolle

Wir haben eine Journalistin zwei Wochen bei einem Experiment im Internet begleitet. Ihre Fragestellung war, wie leicht man über das Internet Kontakt zu Terroristen aufnehmen könne. Das Ergebnis ist bemerkenswert: Obwohl sie kaum selbst durch die Ansprache anderer Personen aktiv wurde, hatte sie bereits nach 14 Tagen etwa 130 Facebook-Freunde aus dem salafistischen Spektrum, einen Heiratsantrag von einem selbst ernannten Mujaheddin, der eigenen Aussagen zufolge täglich an der Front gegen die Ungläubigen kämpft, eine genaue Beschreibung des Reiseweges in Richtung Syrien sowie das Angebot, in Berlin mit potenziellen Mitreisenden in Kontakt gebracht zu werden.

Nachdem sich besagte Journalistin bei Facebook unter dem Namen »Anna« ein Profil erstellt hatte, bewegte sie sich auf einigen Seiten und Gruppen, die in einem direkten Bezug zum politischen Salafismus standen – hie und da klickte sie »Gefällt mir«. So etwa bei Videos, in denen Pierre Vogel den Sinn des Lebens erklärt, oder auf der Website von der »wahren Religion«, die durch die inzwischen verbotenen »Lies!«-Kampagnen – eine groß angelegte Koran-Verteilaktion in Deutschlands Innenstädten – eine gewisse Bekanntheit erlangte. Die etwas naiv wirkende Anna, die durch ihre Spuren, die sie auf diesen Seiten hinterlassen hatte, auf dem Schirm einiger salafistisch geprägter Personen aufgetaucht war, wurde bald angeschrieben. Man versuchte, ihr mit Offenheit und Verbindlichkeit entgegenzutreten: »Hallo Anna! Wenn du Fragen hast, kannst du dich immer an mich wenden.«

Natürlich hatte Anna einige Fragen: »Wie kamst du zum Salafismus? Was war für dich der Auslöser?«

Nur wenige Augenblicke später erhielt sie die maßgeschneiderte Antwort eines gewissen B.: »Ein Video von Pierre Vogel bei YouTube. Dann bin ich auf die Seite von der ›wahren Religion‹ gekommen. Ich war beeindruckt. Ich habe mir stundenlang Videos über den Islam angesehen und spürte die direkte Rechtleitung.«

Die Konversation ging weiter:

B: Schau Pierre Vogel. Sein Weg ist der richtige, aber leider redet er schlecht über den Dschihad. Das ist das einzige Negative, was mir an ihm auffällt. Es kann aber auch sein, dass Pierre Vogel Angst hat, ins Gefängnis zu kommen.

A: Wie denkst du über den Dschihad?

B: Im Islam fest verankert.

A: Würdest du kämpfen?

B: Natürlich.

A: Hast du keine Angst?

B: Nein. Ich habe Angst vor dem sinnlosen Tod. Der Tod dort wäre besser als hier. Das Land, in dem Allahs Scharia herrscht, das ist in Syrien und im Irak.

A: Ist das das Ziel?

B: Ja.

A: Ich würde gerne wissen, wie der Alltag dort ist.

B: Es schlagen immer wieder Raketen ein. Aber das ist wie ein Ticket ins Paradies. Der beste Tod ist der des Märtyrers.

A: Wie ist das Leben für eine Frau dort?

B: Besser als hier. Die Schwester kann sich verschleiern und ohne Angst bewegen. Es ist wie ein Leben vor 1400 Jahren. Nur moderner.

Danach wurde Anna, die sich als Deutsche und Nicht-Muslima zu erkennen gegeben hatte, auf die Facebook-Profile von Konvertiten und Konvertitinnen hingewiesen, die ihre Neugierde einmal mehr weckten. Ihr war es zu diesem Zeitpunkt schleierhaft, warum eine junge Person ihr ganzes Leben einer Weltanschauung widmete, welche die Abkehr von der westlichen Lebensweise und ein Leben in Askese voraussetzte. »Warum ich mich Allah hingegeben habe? Er hat immer eine logische Antwort …«, entgegnete einer ihrer Chatpartner. Alles wirkte, als habe man nur auf sie gewartet – egal, was Anna unter den Nägeln brannte, ob abends oder frühmorgens, sie erhielt prompt eine Rückmeldung aus der virtuellen Welt und vor allem mehr und mehr Freundschaftsanfragen.

»Du wirst den Islam annehmen, ich weiß es«, gab man ihr mit auf den Weg, und bald darauf versicherten sich Annas neue Freunde immer wieder, ob sie denn schon auf dem rechten Weg sei: »Hi! Bist du schon Muslima?«

»Hi, wie kommst du drauf?«

»Entweder du bist Muslima oder ich mache dich zu einer! Du bist wie neugeboren, wenn du den Islam angenommen hast, alles ist vergeben, dein Sündenkonto ist bei null.« Natürlich war der Weg zur Erleuchtung mit einigen Auflagen verbunden, wie Anna bald erfuhr: »Hör keine Musik, weil das verboten ist! Es ist dir auch nicht erlaubt, mit fremden Männern zu sprechen, keine Schminke und bedecke dich!«

Der bekannte Werbepsychologe Robert Cialdini hat mit seinen Kollegen die Propaganda verschiedener extremistischer Gruppierungen analysiert. Dabei kam er zu dem Ergebnis, dass ihr Vorgehen im Zuge von Rekrutierungsbemühungen vielfältige Gemeinsamkeiten zu den Strategien moderner Werbeagenturen aufweist, wenn diese es sich zur Aufgabe machen, neue Produkte zu platzieren.

a) *Das Prinzip der Wechselseitigkeit:* Die Gruppen vermitteln eine positive Identität und thematisieren die Missstände und Probleme ihrer Adressaten direkt. Sie diagnostizieren ein Problem sowie dessen Opfer und Schuldige. Gleichzeitig werden Lösungen formuliert sowie Strategien aufgezeigt, die zu deren Umsetzung vermeintlich vonnöten seien.

b) *Verpflichtung und Konsistenz:* Es wird mit totalitären und eindeutigen Kategorien (schwarz-weiß) argumentiert. Jeder Rekrut kann sich auf feste Normen, Werte und Regeln berufen und sein Denken und Handeln entlang dieser strukturieren. Die Einbindung der Rekruten wird langsam verstärkt, indem ihnen sukzessive mehr und mehr Aufgaben innerhalb der Gruppe anvertraut werden.

c) *Knappheitsprinzip:* Das Kollektiv wird als kämpferische Avantgarde dargestellt, die für den wahren Islam eintrete und die Rettung aller bringe. Im Zuge der Propaganda wird vermittelt, dass die Zugehörigkeit zur Gruppe ein Privileg sei, das nicht jedem zustehe.

d) *Sozialer Beweis:* Propagandisten sind in der Regel als Person fassbar; sie inszenieren ihre eigene Biografie als Beleg für ihre Botschaft. So berichten sie beispielsweise davon, wie leer und sinnlos ihr Leben vor der Konversion gewesen sei und wie es sich danach zum Positiven verkehrt habe.

e) *Sympathie:* Ein zentrales Motiv islamistischer Propaganda ist das Motiv des Underdogs, der sich gegen die scheinbar Unbesiegbaren auflehnt. Propaganda geht darüber hinaus mit der Zeit und knüpft stilistisch an bestehende Jugendkulturen an. Heutige Propagandisten inszenieren sich lässig. Insbesondere der IS hat es verstanden, Propaganda mit »Hollywood-Chic« zu verbinden.
f) *Autorität:* Es werden gezielt Prediger und Dschihadisten in Szene gesetzt, die sich vermeintlich selbst bewiesen haben. Ideologen erstellen zu bestimmten Fragen Rechtsgutachten und Dschihadisten erstellen direkt aus den Konfliktgebieten Propagandavideos für den deutschen Markt.

Es scheint offenkundig, dass psychologisch geschulte Propagandisten hinter den Bildschirmen sitzen, die ein sehr feines Gespür dafür haben, bei wem sie welche Themen ansprechen, wann sie den Druck auf eine Person erhöhen können und wann sie ihr lieber zunächst einmal Freiraum zugestehen.

Die Gruppe holt den potenziellen Rekruten in seiner Lebenswelt ab und bietet ihm eine positive Identität an – verlangt dafür aber uneingeschränkte Loyalität. Die umworbene Person wird in einen Sog der Wechselseitigkeit hineingezogen. Stück für Stück wird sie weiter und weiter an die Gruppe gebunden – wer A sagt, muss auch B sagen –, auch wenn dies bedeutet, irgendwann alles hinter sich zu lassen und sich mehr und mehr gegenüber der Sache zu verpflichten.

So musste sich Anna sehr bald anhören, dass es für jeden Muslim und jede Muslima Pflicht sei, nach Syrien und in den Irak zu gehen. Es sei schließlich das einzige Gebiet, in dem Allahs Scharia herrsche.

A: Dürfen wir Frauen uns denn alleine bewegen?

B: Du kannst dich frei bewegen. Aber in manchen Städten kannst du dich bewaffnen, um dich zu schützen. Mit einer Pistole oder einer Kalaschnikow.

Die Werbepsychologie hat uns gelehrt, dass das, was rar ist, besonders begehrt ist. Vor dem Hintergrund des Knappheitsprinzips verfahren auch Extremisten. Dem Rekruten wird vermittelt, er sei einer der sehr wenigen, die auserwählt wurden. Das gibt diesem ein Hochgefühl, da er zu spüren glaubt, dass die Gruppe gerade ihn wirklich will. Auch Anna hat dies zu spüren bekommen, als sie von einem vermeintlichen Dschihadisten aus Syrien kontaktiert wurde, der sich intensiv auf das Mädchen fokussierte und ihr bereits nach wenigen Stunden einen Heiratsantrag machte: »Du bist das wertvollste und das reinste Leben, das ich kenne. Ich würde dich als Geschenk annehmen.« Zudem stellte er unmissverständlich klar, dass in Syrien für sie gesorgt sein werde. Er habe überdies auch eine Schwester in Berlin, die ihr eine gute Ansprechpartnerin und Reisebegleiterin sein könne.

B: Du haust einfach ab. Du nimmst so viel Geld mit wie möglich und so viel, wie du tragen kannst.

A: Ich muss wirklich alles hinter mir lassen?

B: Das mussten wir alle.

A: Schaff ich das?

B: Ja. Ich kümmere mich um den Weg.

A: Wirklich?

B: Ja. Denkst du, ich lass dich auf halber Strecke hängen?

A: Wie lange dauert der Weg?

B: Man kann es von Deutschland in einem Tag nach Syrien schaffen. Allah macht es dem, bei dem er es will, leicht.

A: Ist es nicht zu gefährlich?

B: Es sind viele deutsche Frauen hier. Du kannst das auch.

A: Ich habe aber Angst, wenn ich keinen kenne.

B: Entspann dich. Hier sind viele deutsche Frauen. Du kannst mir vertrauen. Ich bringe dich zu ihnen. Alles ist gut.

A: Wann kann es losgehen?

B: Wann du willst. Erzähl niemandem etwas.

A: Wie werde ich reisen?

B: Flugzeug, Bus, dann zu Fuß.

7

Grauen statt Idylle: Die Wahrheit gibt es erst zum Schluss

In den Chatkontakten wird sehr deutlich, wie solche Gruppierungen mögliche Sympathisanten umgarnen. Die Angesprochenen lernen die Gruppe erst einmal eher oberflächlich und vor allem als etwas Positives kennen, bis ein geeigneter Zeitpunkt erreicht ist, an dem eine Zuspitzung erfolgt. Dann beginnt die Gruppe, das Leiden der Muslime zum Hauptthema zu machen. Die potenziellen Rekruten werden auf entsprechende Inhalte hingewiesen und mit diesen vertraut gemacht. Ergänzt wird dies durch Propagandavideos, die das Leiden der Muslime belegen sollen, indem der Westen als das personifizierte Böse dargestellt wird. Gezeigt werden etwa Kinder, die in einer syrischen Stadt fröhlich spielen – man beobachtet eine friedfertige Situation –, bevor in einer späteren Einstellung US-amerikanische Bomber über das Gebiet fliegen und das zuvor gezeigte Idyll angreifen.

Im Verlauf dieses Onlinerekrutierungsprozesses findet irgendwann ein Ortswechsel statt. Von den öffentlich zugänglichen Bereichen des Internets geht es nun beispielsweise in Foren, die nur nach vorheriger Anmeldung und mit einem Passwort genutzt werden können. Das hat zweierlei Gründe: Zum einen versucht man, die Kommunikation besser zu schützen und sie von außen schlechter einsehbar zu gestalten. Zum anderen hat es einen psychologischen Aspekt, wenn eine Person in einen geschützten Raum mitgenommen wird. Allein durch dieses Vorgehen wird die neu zugelassene Person zu einem Mitglied der Gruppe stilisiert.

Für den neuen Rekruten wirkt das, als würde man gerade ihn nun tatsächlich hinter den Vorhang schauen lassen. Es wird damit eine leicht konspirative Stimmung und eine gewisse Exklusivität vermittelt. Gleichzeitig wird suggeriert, dass es zwar gut und schön sei, dass der Rekrut sich nun mit den Inhalten vertraut gemacht habe und die Ideologie verstehe, irgendwann aber müsse er den Werten und Normen jedoch auch entsprechen und handeln. Weiter geht es mit einer permanenten Indoktrination. Immer wieder wird auf ideologische Texte verwiesen. Bewegt man sich auf Facebook oder YouTube, gibt es einen technischen Aspekt, der das Vorgehen flankiert. Das Prinzip der Inhaltsblase haben wir bereits eingangs am Fall von Arid U. erläutert. Der Nutzer gerät also gewissermaßen in einen thematisch geschlossenen Kosmos. Hat jemand erst einmal die Seite von »Die wahre Religion« angeklickt, ist es sehr wahrscheinlich, dass ihm in der Folge andere Inhalte angeboten werden, die damit assoziiert sind. Diese Angebote wechseln sich zudem mit dschihadistischer Propaganda ab, sodass der Einzelne gar nicht unbedingt merkt, dass er nach und nach auf immer radikalere Inhalte stößt, weil mit dem Prozess natürlich auch ein gewisser Gewöhnungseffekt verbunden ist und weil der Internetnutzer in all dem auch eine gewisse Logik erkennt oder zu erkennen glaubt. Hat diese Person eben erst Videos über das Leiden der Muslime konsumiert, ist es für sie nachvollziehbar, dass diese Menschen aus ihrem Opferstatus herauskommen müssen und dass sie sich gegen ihren Feind stellen.

Ein weiterer begünstigender Kontextfaktor ist, dass der Mediennutzer gerade bei dem Erstkontakt mit Extremisten immer noch anonym bleiben kann. Er sitzt vor seinem Computer oder Smartphone und hat dadurch zunächst eine sichere Entfernung zu der Gruppe, die er ja noch nicht gut kennt. Sollte er ein ungutes Gefühl entwickeln, kann er den Rechner ausschalten. Gleichzeitig besteht für den Nutzer die Möglichkeit, die Geschwindigkeit der Interaktion absolut zu kontrollieren: Es besteht also keinerlei Grund zur Angst vor etwaiger Überrumpelung – man kann sich der Gruppe immer wieder annähern, wenn man sich dazu bereit fühlt. Man kann auch die Kommunikation nach Belieben verlangsamen. Stellt ein Dschihadist eine Frage, auf die der Einzelne nicht antworten möchte, kann er antworten, wann immer er sich dazu bereit fühlt.

Auch in der realen Welt soll der Rekrut mit der Zeit immer mehr für die Gruppe aufgegeben und womöglich auch kriminelle Handlungen begehen, die ihn wiederum stärker an die Gruppe binden. Es wird zunehmend schwieriger, aus dieser Dynamik auszubrechen, weil man im Namen der Gruppe die Grenzen der Legalität überschritten hat.

Dadurch entsteht im Laufe der Zeit eine stärker werdende Identifizierung, verbunden mit einer Verpflichtung gegenüber der Gruppe. Irgendwann kann der Einzelne akzeptieren, dass er das wahre gewaltaffine Gesicht der Gruppe kennenlernt, zumal er dieses wahre Gesicht erst zu einem Zeitpunkt erblickt, an dem er schon zahlreiche Verpflichtungen eingegangen ist.

Das gilt nicht zuletzt auch für die Syrien-Reisenden. Denen erklären die Propagandisten, dass sie dort das idyllischste Leben vorfinden und dass für sie gesorgt sein wird – wunderbare Aussichten. Der Rekrut verlässt daraufhin seinen persönlichen Kontext, wendet sich von Freunden und Familie ab, setzt sich ins Flugzeug. Und erkennt erst vor Ort, was tatsächlich geschieht. Dort stößt er auch auf die Geheimdienst- und Folterbrigaden, aber zu diesem Zeitpunkt ist er bereits einen sehr weiten Weg gegangen.

Freilich weiß nicht nur die islamistische oder dschihadistische Szene mit Propaganda umzugehen, auch auf der rechten Seite beschäftigt man sich damit. Ein Beispiel dafür ist das Bekennervideo des Nationalsozialistischen Untergrunds (NSU), das seinen 15 Minuten andauernden menschenverachtenden Inhalt über Ausschnitte aus der Zeichentrickserie mit dem rosaroten Panther transportiert.

Interessant dabei ist unter anderem der Appellcharakter, den das Video hat. Man kann davon ausgehen, dass es dazu gedacht war, zu weiteren Anschlägen aufzurufen. Man gab Täterwissen weiter, das zum Zeitpunkt der Veröffentlichung noch unbekannt war. So zeigte das Video unter anderem Tatortfotos von den Morden. Auch hieß es wie in einem Aufruf: Stehe zu deinem Volk, stehe zu deinem Land, unterstütze den NSU. Zudem stellte die Einbindung der realen Taten in die Comicwelt des rosaroten Panthers einen starken Zynismus dar. Sie signalisiert eine Herabwürdigung der Opfer auf der einen und die eigene Überlegenheit auf der anderen Seite. Gleichzeitig gab es eine gewisse Ähnlichkeit mit islamistischen Videos, die sich ebenfalls Popkultur zunutze machen.

Es ist bemerkenswert, dass rechtsradikale und islamistische Propaganda zu vergleichbaren Mitteln greifen. Der Grund dafür ist jedoch klar benennbar: Auf diese Weise zieht die Propaganda in der breiten Öffentlichkeit noch mehr Aufmerksamkeit auf sich und schlägt weit höhere Wellen. Man schafft eine direkte Verbindung zur Gesellschaft, da derartige Bilder und Motive weitverbreitet und bekannt sind. Solche Propaganda bleibt stärker im Gedächtnis der Menschen hängen.

Interessant ist in diesem Zusammenhang, dass Beate Z. selbst dieses Video noch auf der Flucht an verschiedene Institutionen und Medienvertreter geschickt hat; es war offenkundig Teil des Planes, sich für die Morde im Rahmen einer menschenverachtenden popkulturellen Aufmachung verantwortlich zu zeigen.

IV

Mit wem haben wir es zu tun? Persönlichkeit und Terrorismus

8

Die Motivation des Violent True Believers

Bei Terroristen vermischen sich häufig persönliche Motive sowie psychische oder psychologische Bedürfnisse mit politischer Ideologie. Zwar ist Terrorismus vornehmlich politisch motiviert, aber oftmals unbewusst mit psychologischen Aspekten vermengt, die im Charakter beziehungsweise in der Persönlichkeitsstruktur der Terroristen verwurzelt sind. Nach den Anschlägen vom 11. September 2001 setzte sich in den USA eine Gruppe von renommierten Kriminalpsychologen zusammen, darunter die Bedrohungsmanagement-Experten Reid Meloy und Kris Mohandie, die sich fragten, wie man das Wissen aus der Kriminalpsychologie für die Einschätzung und zur Prävention solcher terroristischen Attentate nutzen könnte.

Diese Gruppe entwickelte das Konzept des *Violent True Believers*. Der Begriff steht für radikale Personen, die sich einer Ideologie und Glaubensthemen verpflichtet fühlen. Die Erkenntnis der Fachleute bestand darin, dass die Ideologie und das Glaubensbekenntnis unterschiedlich sein können, die Mechanismen dennoch nahezu gleich bleiben. Die Tötung anderer Menschen und gegebenenfalls auch der eigenen Person werden als ein legitimes Mittel erachtet, um bestimmte Ziele zu erreichen. Menschen mit dieser Überzeugung setzen ihre Wahrheit als absolut – daher auch der Begriff des *True Believers*. Sie sind außerdem davon überzeugt, dass es keine anderen Handlungsmöglichkeiten als eben terroristische Gewalt gibt. Diese Gewalt ist das Mittel der Wahl, um Veränderungen herbeizuführen. Solche *Violent True Believers* können in Organisationen wie etwa der Al-Qaida auftreten, sie können aber auch alleine handeln, als *Lone-Actor*-Täter.

Bei der intensiveren Betrachtung dieser Tätergruppe wurden verschiedene Charaktertypen identifiziert, die immer wieder auftauchen und die sich in linken oder rechten ebenso wie in islamistischen Netzwerken finden.

Häufig begegnet man dem unerschütterlichen Anführertypus, der sich sehr stark mit der Ideologie identifiziert und beispielsweise glaubt, er handele im Sinne Gottes. Außerdem vertritt dieser Typus als Führungsperson die radikale Ideologie sehr entschlossen gegenüber anderen, und nicht selten handelt es sich zudem um charismatische Persönlichkeiten. Ein Beispiel für diesen Typus ist etwa Osama bin Laden. Menschen wie er halten sich für geradezu unfehlbar und empfinden sich als Teil einer göttlichen Mission.

Dieser Typus ist davon überzeugt, durch sein Handeln Gleichgesinnte, sein Volk, seine Mitgläubigen zu retten, und zieht aus dieser Überzeugung sehr viel Selbstbewusstsein. Bei diesen Menschen wird letztlich alles, was passiert, als Teil von etwas Größerem eingestuft. Das geht so weit, dass selbst Naturkatastrophen als Macht Gottes im Einsatz gegen Ungläubige angesehen werden. Derartige Führer, die man auch in Sekten kennt, haben eine große Ausstrahlungskraft, derer es bedarf, um terroristische Gruppen zusammenzuschweißen und bis zu der eigentlichen Tat voranzutreiben.

In terroristischen Gruppen findet sich auch der Anhängertypus, der sein Bedürfnis nach Zugehörigkeit stillt und bereitwillig einem anderen die Führung überlässt.

Der Typus des *Violent True Believers* hegt vor allem das Bedürfnis, aggressiv zu sein und sich selbst zu bereichern. Solche Menschen werden als gewaltliebend beschrieben. Es handelt sich um Personen mit einer womöglich sogar sadistischen Natur, denen es geradezu Spaß bereitet, andere zu quälen. Häufig sind diese Menschen zuvor bereits durch kriminelle Handlungen aufgefallen. Dieser Typus kann als eher opportunistisch beschrieben werden. Es sind oftmals Menschen, die nicht allzu wählerisch sind, sondern alle möglichen Gelegenheiten zu Gewalt und Vorteilsnahme ergreifen.

Dieses Phänomen ist in dem Brüsseler Stadtteil Molenbeek vielfach zu beobachten, wo man eine Verschmelzung der dschihadistischen Szene mit dem kriminellen Milieu feststellen kann. Rik Coolsaet, ein Forscher aus Belgien, hat dazu gesagt, dass diese Menschen durch die Mobilisierung des sogenannten Islamischen Staates einfach nur einen neuen Kontext bekommen haben. Dieser wird mit der Zielvorstellung verknüpft, dem Leben einen neuen Sinn zu geben, während gleichzeitig die kriminellen Strukturen erhalten bleiben und Machenschaften wie Waffenschmuggel fortgesetzt werden.

Zu erkennen ist auch ein Anstieg solcher Dynamiken in der jungen Generation des Dschihadismus. Diese Personen waren zuvor bereits in kriminellen Gruppen aktiv, haben nun aber zusätzlich die Möglichkeit gefunden, aggressive und der Selbstbereicherung dienende Vorhaben umzusetzen.

Diese Zusammenhänge zeigen sich auch deutlich an dem Fall von Anis A., dem 24-jährigen Tunesier, der am 19. Dezember 2016 einen gestohlenen Lkw in den Weihnachtsmarkt am Berliner Breitscheidplatz lenkte und dabei zwölf Menschen tötete. Im Zuge seiner Radikalisierung nahm er offenbar keinerlei Konflikt zwischen seiner neu entdeckten Religiosität und seinem kriminellen Leben wahr, das er unbeirrt weiterführte. So wurde er einige Male dabei beobachtet, wie er vor einer Moschee Drogen verkaufte. Selbst konsumierte er noch bis zum Schluss

Kokain und Amphetamine. Mitte 2016 stürmte Anis A. gemeinsam mit zwei Komplizen eine Bar in Berlin. Während einer der Männer mehrfach mit einem Messer auf sein Gegenüber einstach, schlug Anis A. einem anderen mit einem Gummihammer ins Gesicht. Ursache war ein Konflikt innerhalb des Drogenmilieus, der an diesem Tag eskalierte. Während seines Aufenthalts in Deutschland gab es eine ganze Reihe von Ermittlungsverfahren gegen Anis A., unter anderem wegen schwerem Raub, Körperverletzung, Drogenhandel, Dokumentenfälschung und Betrug. Bevor er nach Deutschland kam, saß er bereits auf Sizilien wegen Brandstiftung und Körperverletzung vier Jahre in Haft. Es gibt einige Hinweise darauf, dass ihm die spätere Hinwendung zur salafistischen Ideologie dienlich war, um seine Neigung zur Gewalttätigkeit vor sich selbst und anderen zu rechtfertigen. Sie war in seinem Fall indessen sicherlich nicht der Auslöser.

Für das Attentat entschied sich A., als sich seine Handlungsoptionen für ihn immer weiter reduzierten. So war er sich bewusst, dass er keine Chance auf eine permanente Aufenthaltserlaubnis in Europa hatte. Er wusste außerdem, dass ihn die Sicherheitsbehörden wegen seiner Aktivitäten in der extremistischen Szene im Blick hatten. Schlussendlich fürchtete er die Rache eines arabischen Clans wegen des Vorfalls in der Bar. Seiner Familie teilte er daher telefonisch mit, dass er Deutschland unbedingt in Richtung Schweiz verlassen müsse. An der Grenze wurde er jedoch von den Behörden aufgehalten und zurückgeschickt.

Wie lange wir diese Dynamik bereits kennen, wird deutlich, wenn man sich mit der Gründungsgeneration der Roten Armee Fraktion (RAF) beschäftigt. Auch deren Führungsfigur Andreas Baader etwa war damals schon lange auffällig, bevor es zu terroristischen Aktivitäten kam. Er beging zum Beispiel immer wieder Verkehrsdelikte, führte ein wildes Privatleben mit zahlreichen Frauen und war bei vielen seiner Bekannten regelrecht verhasst, weil er sich unmöglich und vor allem unmöglich aggressiv benommen hatte.

Baader als Mensch zeigte insgesamt ein Muster, das in eine narzisstische oder auch psychopathische Persönlichkeitsstruktur eingeordnet werden kann. Er hat schließlich sein Bedürfnis nach Nervenkitzel, nach Abenteuer, aber auch danach, etwas Besonderes zu sein, in der RAF mit einer Ideologie verbunden. Damit ist er ein Beispiel dafür, dass ein solcher Persönlichkeitsaspekt häufig bei Führungspersönlichkeiten auftritt, an denen sich im Übrigen in der Folge andere orientieren.

Interessant ist außerdem die Dynamik, die durch das Zusammenspiel der Persönlichkeiten der Anführer und der Mitläufer permanent angestoßen wird, was den Anführer wiederum immer weitertreibt und gleichzeitig die Mitläufer immer weiter mitzieht. Keiner kommt also ohne den anderen aus.

Ein Beispiel dafür sind auch die Kofferbomber Youssef el-H. und Jihad H., um die es in Kapitel 13 noch einmal genauer gehen wird. Youssef E. bekam immer wieder von Jihad gespiegelt, dass er die Leitfigur ist – Jihad wiederum brauchte genau diese Führung. Gemeinsam entwickelten sie auf diese Weise eine besondere Dynamik, die sie beide immer weiter vorantrieb.

9

Einzeltäter: Das Phänomen der einsamen Wölfe

Der Begriff *Lone Wolf* ist schon mehrfach gefallen. Grundsätzlich sagt er sehr viel über diese speziellen terroristischen Täter aus. Sie sind einsame Wölfe, die nicht unter dem Kommando anderer stehen und auch nicht von einer Gruppe materiell unterstützt werden. Bemerkenswert ist die Tatsache, dass solche Personen 13-mal häufiger psychisch krank sind, als es bei Tätern der Fall ist, die in terroristischen Gruppen organisiert sind, wie eine Studie zeigte. Es ist also eine ganz massive Auffälligkeit im Zusammenhang mit derartigen Tätern zu verzeichnen. Bei diesen *Lone-Wolf-* oder *Lone-Actor-*Tätern lässt sich ebenfalls ein Zusammenhang zwischen persönlichen Krisen und einer Radikalisierung feststellen, sowohl bei rechtsradikalen als auch bei anderen Tätern.

Es handelt sich häufig um Menschen, die Schwierigkeiten haben, Beziehungen zu anderen aufzubauen, die Probleme haben, Kontakt zu Gruppen aufzunehmen, die letztlich immer irgendwie am Rand stehen. Viele dieser Menschen versuchen trotz aller grundsätzlichen Probleme immer wieder, sich einer Gruppe anzuschließen, müssen allerdings häufig erleben, dass man sie nicht ernst nimmt oder dass sie als merkwürdig wahrgenommen werden. Selbst den Mitgliedern radikaler Gruppen kommen solche Menschen häufig zu extrem vor.

Ein Beispiel dafür ist Mohammed B., ein islamistischer Fundamentalist mit marokkanischen Wurzeln, der im Jahr 2004 den niederländischen Regisseur und Islamkritiker Theo van Gogh erschoss. Der in den Niederlanden geborene B. war zunächst gut integriert. Er hatte sich zudem nicht allein radikalisiert, sondern war immer auch in einer Gruppe eingebunden gewesen. Allerdings konsumierte B. regelmäßig Videos, in denen Menschen geköpft wurden. Das war selbst seinen radikalen Mitstreitern und seinem radikalisierten Umfeld zu extrem. Und nicht nur das, B. war ihnen in gewissem Maße geradezu unheimlich. Damit bestätigt sich, was Forscher bei den Untersuchungen entsprechender Gruppierungen herausgefunden haben: Solche Gruppen müssen als Verbund funktionieren, befinden sich in einer Gruppe aber Psychopathen oder andere auffällige Persönlichkeitstypen, kann man diese kaum auf eine Linie bringen, sodass sie gezielt und strukturiert gemeinsam eine Sache verfolgen. Der *Lone Actor* oder derjenige, der durch eine psychische Störung auffällt, agiert nämlich häufig lieber alleine. Das wiederum gefährdet die gesamte Agenda der terroristischen Gruppe. Dieser Umstand verdeutlicht, warum solche *Lone Actors* zwar regelmäßig versuchen, sich radikalen Gruppierungen anzuschließen, dann aber aktiv ausgestoßen werden.

Es sind verschiedene psychische Störungen, die bei einsamen Wölfen zu finden sind. Wir kennen etwa das Beispiel eines Mannes, der einen Verfolgungswahn entwickelt hatte. Dieser Mann stammte aus einem islamischen Land, war jedoch zuvor nie auffällig geworden. Verwandte berichteten, dass er stets freundlich und nett war. Dann aber entwickelte er einen paranoide Schizophrenie und griff in der Folgezeit Ideen oder Themen auf, die gerade in der Luft liegen, weil über sie in den Medien berichtet oder in der Bevölkerung gesprochen wurde. Das führte dazu, dass er zunehmend eine akute Bedrohung für die arabische Welt zu spüren meinte. Das Problem eskalierte dadurch, dass er in einer Moschee in Kontakt mit einer radikalen Gruppierung kam. Diese Gruppe brachte sein Gefühl von Unbehagen und Bedrohung mit einer islamistischen Ideologie zusammen. Über eine Kooperation mit den Verwandten und eine psychiatrische Behandlung gelang es schließlich, den Verfolgungswahn des Mannes zu kurieren und schließlich auch den radikalen Weg für den jungen Mann nicht mehr attraktiv wirken zu lassen. In diesem Fall half das familiäre Umfeld, den radikalen Einflüssen auf den Betroffenen ihre Wirkung zu nehmen.

Bemerkenswert ist in diesem Zusammenhang, wie stark die Struktur einer solchen Ideologie mit der angesprochenen Wahnhaftigkeit harmoniert. Denn Ideologien symbolisieren regelrecht eine gewisse Wahnhaftigkeit. Während die Rechtsextremen behaupten, man müsse sich schützen, weil man sonst von Ausländern überrannt werde, stellt man sich auf der anderen Seite des ideologischen Spektrums gegen die (vermeintliche) Gefahr, dass die Ungläubigen die Muslime vernichten. Die Ideologien suggerieren also ständig eine Art Opfermythos: Die terroristischen Gruppierungen empfinden sich daher, wie bereits angesprochen, auch nie als die Aggressoren, sondern als diejenigen, die sich vor einer Bedrohung schützen müssen. Schließlich lauere diese überall.

Wenn diese instabilen Persönlichkeiten aus solchen Gruppen herausgedrängt werden, ist es für sie dennoch weiterhin wichtig, sich mit einer Gemeinschaft zu identifizieren. Der britische Kriminalforscher Paul Gill etwa kam in seiner Studie zu dem Schluss, dass 43 Prozent von 119 untersuchten Einzeltätern sich auf Al-Qaida bezogen, 34 Prozent verwiesen auf rechtsextremistische Gruppierungen, deren Ideologie sie für sich übernahmen. Bei 18 Prozent handelte es sich um sogenannte *Single-Issue*-Terroristen, also Täter, die ihr Leben einer bestimmten Idee verschreiben, etwa der, Abtreibungsärzte umbringen zu wollen. Weitere fünf Prozent wurden unter dem Oberbegriff »andere« subsumiert. Darunter finden sich Täter, die eine eigene Gruppe imaginiert haben. Wie etwa Ted K., der zwischen 1978 und 1995 in den USA zahlreiche Briefbomben verschickte und auf diese Weise drei Menschen tötete sowie weitere 23 verletzte. K. bezeichnete sich selbst als Anhänger eines naturzentrierten Anarchismus und gab an, Mitglied einer als *Freedom Club* bezeichneten Gruppe zu sein, die besagte Briefbomben verschickte. Auch der norwegische Terrorist und Massenmörder Anders B. passt in diese Kategorie. Es gab zwar Gruppen, mit denen er sich identifizierte, wie beispielsweise islamkritische Blogger, nichtsdestotrotz stellte er sich selbst als Anführer einer Gruppe dar. Ein weiteres Beispiel ist Franz F., der sich als Teil der *bajuwarischen Befreiungsarmee* präsentierte, die es indessen gar nicht gab. Franz F. war ein österreichischer Serienbomber, der immer als Einzelgänger auftrat und zudem regelmäßig berufliche Krisen erlebte. Er hatte eigentlich Atomphysiker werden wollen, schlug sich jedoch lange als Hilfsarbeiter durch und arbeitete später als Vermessungstechniker. Er hat es nie wirklich geschafft, beruflich auf die Beine zu kommen. Weil er aber ein Tüftler war, hat er eine Reihe von Bomben konstruiert und damit Anschläge verübt. Eines seiner prominentesten Opfer war der damalige Wiener Oberbürgermeister Helmut Zilk, der durch eine der Bomben zwei Finger seiner linken Hand verlor. Bei anderen Anschlägen wurden Polizisten schwer verletzt – so verlor ein Beamter bei dem Versuch, eine Rohrbombe zu entschärfen, beide Hände. Auch in Deutschland hinterließen die Bomben Spuren. Eine wurde 1995 an die Redaktion der Fernsehmoderatorin Arabella Kiesbauer geschickt. Die öffnete den Brief jedoch nicht selbst, sodass statt ihr einige Mitarbeiter verletzt wurden.

Doch F. verschickte nicht nur einfach Briefe, er lockte auch Menschen in hinterhältige Sprengfallen. So stellte er vor einem Lager der Roma ein Schild mit der Aufschrift »Roma zurück nach Indien« auf. Das Perfide daran war, dass F. damit gerechnet hatte, dass die Roma dieses Schild entfernen würden, was dann auch der Fall war. Nur war das Schild so gebaut, dass ein Sprengsatz aus 150 Gramm Nitroglycerin explodierte, sobald man sich daran zu schaffen machte. Vier Menschen starben bei diesem Anschlag, an den noch heute ein Mahnmal in dem österreichischen Ort Oberwart erinnert.

Im Jahr 1997 wurde F. schließlich gefasst. Bei einer Verkehrskontrolle wähnte der Attentäter sich entlarvt und zündete eine Rohrbombe. Dieser Suizidversuch allerdings schlug fehl. Die Explosion verletzte anwesende Polizisten schwer, auch Franz F. verlor dabei beide Hände, überlebte aber trotz seiner schweren Verletzungen. Bei späteren Vernehmungen sprach er von der bajuwarischen Befreiungsarmee, der er sich zugehörig fühle, die es tatsächlich aber nie gegeben hatte – außer in seinem Kopf. Tatsächlich lebte Franz F., obwohl er damals fast 50 Jahre alt war, noch immer im Haus seiner Eltern, wo er an seinen Bomben bastelte. Die Anschläge verhalfen ihm trotz seines mehr oder weniger gescheiterten Lebens zu einem Gefühl von Macht und Grandiosität, auch aus dem Grund, weil seine Taten in ganz Europa eine große mediale Aufmerksamkeit auf sich zogen.

Dass sich Franz F. zudem als Anführer einer Gruppe ausgab, selbst wenn es diese Gruppe gar nicht gab, ist ein Hinweis darauf, dass es ihm um einen gewissen sozialen Status ging. Der Anführer zu sein ist im Grunde gleichbedeutend damit, *jemand* zu sein. Ähnliches lässt sich auch bei Anders B. feststellen: Er präsentierte sich der Öffentlichkeit in einer selbst entworfenen Fantasieuniform.

In diesem Zusammenhang spielen auch die Medien eine wichtige Rolle – beziehungsweise die Form, in der sie über solche Taten berichten. Denn diese Berichte können problematisch sein, wenn sie genau solche Bedürfnisse befriedigen, indem sie den zuvor unbekannten Täter zu einer *bedeutsamen Person* machen. Wie etwa im Fall von Timothy McV., dem Oklahoma-City-Bomber, der bei einem Bombenanschlag auf das Alfred P. Murrah Federal Building in Oklahoma City im Jahr 1995 nicht weniger als 168 Menschen tötete sowie rund 800 weitere Personen verletzte. Der Mann schaffte es durch seine Tat auf die Titelseite des *Time Magazine*, wo er als »The Face of Terror«, das Gesicht des Terrors, betitelt wurde.

Ähnlich gingen die Medien mit den Boston-Marathon-Bombern um. Der jüngere und überlebende der beiden Täter-Brüder fand sich nach dem Anschlag auf dem Cover des angesehenen Musikmagazins *Rolling Stone* wieder. Von so etwas kann manche Newcomer-Band nur träumen. Mit konventioneller Musik ist das nur schwer zu schaffen, aber *»The Bomber«* schaffte es und wurde überdies recht verklärt dargestellt. Dieser Titel führte dazu, dass sich im Internet regelrechte Fan-Groupies zusammenfanden und sich darüber austauschten, wie hübsch doch dieser Dschochar Z. sei, wie sanft sein Gesicht wirke.

Gleichzeitig wurde darüber gesprochen, dass er trotz seines sanften Äußeren zu Taten wie einem Bombenanschlag fähig sei. Zwar zog der *Rolling Stone* das Cover nach Protesten recht schnell wieder zurück. Das änderte jedoch nichts daran, dass dieses Cover sich im Internet weiterverbreitete und an vielen Stellen heruntergeladen werden konnte. Eine solche Entwicklung entgeht natürlich möglichen Nachahmungstätern nicht, die meinen, dass so ein Anschlag für sie ebenfalls ein Weg sein könnte. Auch für Schulamokläufer gibt es zahlreiche virtuelle Fan-Communitys, aus denen in der Vergangenheit immer wieder Täter hervorgegangen sind.

Natürlich macht ein bloßes Zeitschriftencover allein eine Person nicht zum Terroristen. Dazu bedarf es immer weiterer Faktoren wie etwa die Frage nach der bestimmten Lebensphase, in der sich ein Mensch gerade befindet und in der Terrorismus attraktiv werden kann. Dieses Phänomen wird ebenfalls auch bei Amoktätern beobachtet.

Es handelt sich um Menschen, die vermehrt narzisstische Bedürfnisse haben, die *jemand* sein wollen, die eventuell auch suizidale Tendenzen aufweisen. Menschen zum Beispiel, die aussteigen wollen, die sich aber auch sagen, dass sie diejenigen in den Tod mitnehmen möchten, die sie in ihrem Leben immer wieder gekränkt haben. Dies ist ihnen sehr bewusst: Eine Tat wie die von Dschochar Z. führt dazu, dass die Welt den Menschen beziehungsweise Attentäter oder Terroristen niemals vergessen wird. Es geht also nicht allein um das Cover. Das Cover stellt vielmehr nur ein Puzzleteil von vielen dar. Dazu gibt es auch ein berühmt gewordenes Zitat des amerikanischen Gewaltexperten Gavin de Becker, der die Gefühlslage solcher Menschen zusammenfasste: »*Better to be wanted by the Police than not to be wanted at all.*« Lieber von der Polizei gesucht werden als von gar niemandem.

Was uns zu Franz F. zurückbringt. Er war im Gymnasium Klassenbester gewesen und hatte ein Studium begonnen, das er allerdings wieder abbrach. Er verdiente sein Geld als Hilfsarbeiter. Auf seinem weiteren Weg scheiterte er immer wieder. Außerdem finden sich in seiner Biografie diverse Kränkungserlebnisse. Etwa als ein türkischer Kollege eine Stellung als Übersetzer bekam, die er gerne gehabt hätte – F. musste sich weiter als einfacher Fließbandarbeiter verdingen. Daneben litt Franz F. unter Depressionen. Ein prägendes Ereignis war sicher auch, dass F. nach einer Kündigung durch einen Arbeitgeber wieder zurück in sein Elternhaus ziehen musste. Während dieser Phase schrieb er seinen Eltern einen Brief, in dem er angab, dass seine Existenz keinen Wert habe und er sich als Verlierer fühle. Sein Vater brachte den Sohn zeitweise in der Psychiatrie unter, wo eine paranoide Einengung diagnostiziert wurde – also eine sehr misstrauische Bewertung der Umwelt mit schizoiden Tendenzen. Solche Menschen ziehen sich oft stark zurück, was bei F. zu einer immer stärkeren Isoliertheit führte. Er wohnte nun in der Einliegerwohnung seiner Eltern, die diese Räumlichkeiten fortan nicht mehr betreten durften. Er selbst begann dort mit der Herstellung seiner Serie von Briefbomben.

Es kamen also einmal mehr verschiedene Faktoren zusammen: die Isolation, ein berufliches und soziales Scheitern, dazu Gefühle von Ausweglosigkeit, Niedergeschlagenheit, Depression, Wut, Frustration, ungerechter Behandlung. Gerade solche Gefühle können dazu führen, dass eine Ideologie das eigene Leben mit einer Art Sinn und Ziel versieht. Ein Muster, das insbesondere bei *Lone-Actor*-Tätern sehr deutlich zutage tritt.

10

Ein kontrollierter Sonderling: Der Fall Anders B.

Der Name Anders B. ist schon mehrfach gefallen, auch in Zusammenhang mit dem *Lone-Wolf-* oder *Lone-Actor*-Phänomen. Trotzdem ist Anders B. bei allen vergleichbaren Faktoren ein Sonderfall.

Grundsätzlich lässt sich auch bei den meisten Einzeltätern beobachten, dass sie vor ihrer Tat mehrfach auffallen. Etwa indem sie Kontakt zu Gruppen aufnehmen oder aggressives Verhalten an den Tag legen – es gibt fast immer ein Muster. Bei B. jedoch war es anders. Er war in der Lage, sich auf eine Weise zu kontrollieren, dass es kaum eine Chance gab, ihn vor der Tat als gefährlich zu erkennen. So hat er beispielsweise große Mengen an Dünger bestellt, den er für den Bau seiner Sprengsätze benötigte, doch er machte das äußerst geschickt: Er unterhielt einen Bauernhof beziehungsweise gründete eine Firma und konnte so die Bestellung rechtfertigen. Auch bei der Besorgung seiner Schusswaffe handelte er vorsichtig, indem er sie nicht etwa in seiner Heimat kaufte, sondern eigens zu diesem Zweck ins Ausland fuhr, sodass er etwaige Spuren des Waffenkaufs verwischen konnte.

B. war nicht nur aus derlei Gründen ungewöhnlich, sondern auch hinsichtlich seines Charakters. Sein Wunsch bestand immer darin, dass er Geschichte schreiben und sich unsterblich machen wollte. Normalerweise fällt ein Mensch mit einer solchen Persönlichkeitsstruktur zwischendurch bereits auf, weil er der Versuchung anzugeben nicht widerstehen kann. Genau das aber war bei ihm nicht der Fall, und so war auch nicht erkennbar, dass er irgendetwas vorhaben könnte. Der Täter hat sich vielmehr über sein später veröffentlichtes, 1800 Seiten umfassendes Manifest identifiziert. Nicht alles, was in diesem Manifest steht, hat er tatsächlich selbst verfasst, manche Passagen wurden vielmehr einfach im Copy-and-Paste-Verfahren eingefügt.

Bemerkenswert ist außerdem, dass B. einen Fragebogen an sich selbst verfasste. Die Idee hinter diesem Fragebogen war vermutlich, dass er auf diese Weise mit dem veröffentlichten beziehungsweise versandten Manifest im Grunde ein Presse-Package bereitstellen konnte, das auch eine Selbstinszenierung darstellte. In dem Fragebogen gab B. unter anderem an, dass er lange Zeit Anführer einer Jugendclique war, und stilisierte sich damit natürlich hoch zum Anführertypen. Außerdem nahm er zu großen ideologischen Fragen Stellung und kopierte Passagen von Personen wie der RAF-Terroristin Ulrike Meinhof oder dem Bombenattentäter Ted K. in sein Werk. In manchen Passagen verfiel er in eine Art Chatsprache inklusive eingefügter Smileys. Das Manifest wirkt in seiner Gesamtheit nicht konsistent. Viele Kapitel sind in einem sehr rigiden Ton gehalten. B. versucht wiederholt, sich als jemand darzustellen, der er eigentlich gar nicht ist.

Psychologisch betrachtet gab es Berichten zufolge auch im Leben des Anders B. dieses Gefühl des Ausgeschlossenseins und der Isolation, während sich wohl schon in seiner Jugend immer wieder zeigte, dass er geradezu besessen von dem Wunsch war, jemand Besonderes zu sein. Gleichzeitig trieben ihn ungewöhnliche und fixe Ideen: So lief B. sogar zu Hause bei seiner Familie eine Zeit lang nur mit einem Gesichts- beziehungsweise Atemschutz herum, da er panische Angst davor hatte, er könne sich bei seiner Mutter mit Geschlechtskrankheiten anstecken.

Nach seiner Tat empfand sich B. als einen politischen Gefangenen. Er versuchte, aus seiner Haft Kontakt zu Beate Z. vom NSU aufzunehmen, was ihm jedoch verwehrt wurde. Ebenfalls erwähnenswert ist der Umstand, dass B. vor Gericht um jeden Preis verhindern wollte, dass man ihn für unzurechnungsfähig erklärt. Dies unterstreicht erneut, dass er ernst genommen werden und jemand sein wollte, jemand, der sich auch in Form eines Manifestes an die Öffentlichkeit wandte.

Es gibt ähnliche Fälle, etwa den eines Schulamokläufers in Jokela, Finnland, der ein vergleichbares Medienpaket ausgearbeitet hatte und der außerdem wollte, dass er in die Geschichte nicht als Schulattentäter, sondern als Terrorist einging. Die Öffentlichkeit sollte die Tat also offenbar als politisch motiviert wahrnehmen.

Anders B. arbeitet weiter daran, dass man sich auch in vielen Jahren noch an ihn erinnert, etwa indem er den Gerichtssaal mit zum Hitlergruß ausgestrecktem Arm betrat oder wenn er verlauten ließ, dass er nichts bereut – außer dem Umstand, dass er nicht noch mehr Menschen getötet hat.

Die historische Selbstinszenierung hat im Fall B. auch den Effekt, dass sie in gewissem Maße von der Realität ablenken soll. Zeigte sich der Attentäter auf Fotos mit Waffen oder auch in seiner Fantasieuniform, wollte er sich natürlich auch als ein Krieger inszenieren. Tatsächlich wirkt der reale Mensch B. jedoch im Auftreten eher wie ein Schuljunge oder gar ein Streber.

Auch ist B. ein Beispiel dafür, wie sich Motive der Selbstdarstellung mit selbst geschaffenen politischen Motiven einer Tat vermischen. Interessant ist der Fakt, dass er nicht suizidal war und nicht im Rahmen seiner Taten sterben wollte. Es war ihm vielmehr sehr wichtig, dass er lebendig festgenommen wurde. Er hat selbst die Polizei angerufen und sich dabei als Kommandant inszeniert und vorgestellt. Ein Kommandant, dessen Mission nun erledigt ist. Als die Polizei eintraf, war er sorgsam darauf bedacht, die Hände hochzuhalten, damit er nicht erschossen wurde.

Es stellt sich die Frage, warum Menschen derart kaltblütig töten können. Die Antwort lautet, dass im Menschen zwei Grundformen von Aggression fest verankert sind. Die eine ist die heiße, die andere die kalte Aggression. Was das bedeutet, zeigt sich bei B. auf besonders erschütternde Art und Weise. Er schaltete nämlich in den sogenannten Jagdmodus um, der nicht der heißen Wut entspricht, bei der ein Mensch sich aufregt oder auch bedroht fühlt.

Bei der kalten Wut dagegen agiert ein Mensch kalkuliert und ist in der Lage, jegliche Emotionen auszuschalten. Ein Mensch kann in diesem Zustand sehr fokussiert und auch kontrolliert einen Plan ausführen. Ein Täter in diesem Modus kann etwaige Hemmschwellen sehr effektiv überwinden, indem er sich etwa sagt, dass das Töten des Gegenübers schlicht Teil seiner Mission ist. Jeder Mensch kann sich übrigens in diese kalte Aggression hineinversetzen, und er braucht dafür gar nicht zu üben. Diese kalte Aggression ist keine Emotion, sie ist vielmehr ein Entschluss. Natürlich aber hilft es zusätzlich, wenn ein Mensch sich selbst überzeugt, dass es für diese kalte Aggression eine Rechtfertigung gibt.

Es sind verschiedene Einflussgrößen bekannt. Schon im Hinblick auf die Nazipropaganda war festzustellen, dass es leichter wird, Menschen anzugreifen und umzubringen, wenn man ihnen das Menschsein abspricht. Die Täter rechtfertigen ihr Handeln dadurch, dass sie sich einreden, sie täten sogar etwas Gutes für die Gesellschaft, diese müsse es nur noch einsehen. Dieses Muster spielt heute auch eine Rolle, wenn es etwa um den islamistischen Terror geht.

Es ist grundsätzlich überaus gefährlich, wenn bestimmten Menschen oder Menschengruppen Verachtung entgegengebracht wird. Noch weit schlimmer ist es aber, wenn Menschen wie in der Nazi-Propaganda mit Insekten gleichgesetzt werden und damit der Gedanke an sie Ekel auslösen soll.

Ekel dient dazu, dass wir uns schützen – vor vergifteter Nahrung etwa oder auch vor Dingen, die wir schlicht nicht ertragen können. In einer Ideologie den Menschen das Menschsein abzusprechen, sie als ekelerregend und als Gefahr für die Allgemeinheit darzustellen, ist infam und kann verheerendes Verhalten auslösen. Auch heute liest man vielfach auf Facebook, etwa im Rahmen der breit angelegten Nein-zum-Heim-Kampagne, dass Muslime wie Heuschrecken über unser Land herfallen – diese Entwicklung, in denen Menschen erneut unverhohlen das Menschsein abgesprochen wird, ist überaus besorgniserregend.

V

Terrorkarrieren

11

Deutsche islamistische Täter: Suche nach Orientierung und eigenen Wurzeln

Schaut man sich die Biografien der Menschen an, die sich in Deutschland vor dem Hintergrund islamistischer Ideologie radikalisiert haben, zeigt sich, dass diese wie Arid U. überwiegend aus Familien stammen, in denen nicht streng nach islamischen Regeln gelebt und erzogen wurde. Viele Terroristen sind erst später im Zuge einer biografischen Krise konvertiert, weil sie nach einer Orientierung suchten und glaubten, sich durch die Hinwendung zum Islamismus auf den wahren Weg zu begeben.

Der Sozialwissenschaftler Alexander Heerlein kam in seiner Studie zu den Lebenswegen von 110 Personen, die den Sicherheitsbehörden zwischen 2005 und 2013 wegen islamistisch motivierten Straftaten aufgefallen waren, zu dem Schluss, dass Konvertiten in der deutsch-dschihadistischen Szene etwa sechsmal häufiger vertreten waren als in der sonstigen deutsch-muslimischen Bevölkerung. Die Sozialpsychologie lehrt uns, dass Menschen, die sich neuen Gruppen zuwenden, im Allgemeinen häufig versuchen, sich an ganz prototypischen – also eindeutig charakteristischen – Merkmalen der neuen Gemeinschaft zu orientieren. Da es *den Islam* nicht gibt, sind es oftmals die Regeln salafistisch-dschihadistischer Gruppierungen, die sich für Suchende als besonders leicht fassbar und erlernbar darstellen. Insbesondere da sie sich als die einzig wahren Muslime in Szene setzen.

Es ist ein Fehlschluss zu glauben, dass sich von extremistischen Organisationen nur solche Menschen angezogen fühlen, die wenig Bildung genossen haben, oder jene, die längst von der Gesellschaft abgehängt wurden. Vielmehr zeigt sich, dass der Anteil der Personen mit Hochschulausbildung in der dschihadistischen Szene etwa fünfmal so hoch ist wie in der sonstigen deutsch-muslimischen Gemeinde. Dafür ist bei dieser Gruppe jedoch eine doppelt so hohe Arbeitslosigkeit zu identifizieren beziehungsweise befinden sich die Personen sehr viel häufiger in prekären Beschäftigungsverhältnissen. Dies kann zweierlei Gründe haben. Entweder die Personen finden nach dem Studium keine Anstellung oder die Ideologie nimmt eine so große Rolle in ihrem Leben ein, dass sie sich aus dem konventionellen beruflichen Leben weitestgehend zurückziehen. Beide Dynamiken sind immer wieder zu beobachten.

Hier ist etwa das Beispiel von Alim zu nennen, der in seiner Schulzeit vor allem in den naturwissenschaftlichen Fächern seinen Lehrern als hochbegabt auffiel. Nach der Schule entschied er sich für ein Chemiestudium, was sich für ihn jedoch schnell als langweilig und trocken herausstellte – die schnellen Erfolge, die er aus der Schule kannte, blieben aus. Etwa in dieser Zeit fing er an, auf dschihadistische Foren im Internet aufmerksam zu werden und sich aktiv an Diskussionen zur notwendigen Verteidigung der muslimischen Gemeinschaft vor dem Westen zu beteiligen.

Alim merkte bald, dass eine Person wie er mit besonderen naturwissenschaftlichen Kenntnissen ein gefragter Mann in der dschihadistischen Szene war. So genoss er es beispielsweise, sich online über die dilettantische Vorgehensweise der Sauerland-Gruppe oder der Kofferbomber auszulassen, die es nicht geschafft hatten, ihre Bomben erfolgreich zur Explosion zu bringen. Die zahlreichen handwerklichen Fehler in der Herstellung der Sprengsätze wären ihm – so war er sich sicher – nicht passiert. Auch er wollte bald seinen Teil zum Dschihad beitragen, nur war ihm völlig klar, dass es für ihn keine Option war, als Selbstmordattentäter zu sterben. In seinen Augen wäre das etwa damit vergleichbar gewesen, Perlen vor die Säue zu werfen. Nein, sich selbst sah er eher für eine Führungsrolle in einer extremistischen Organisation vorbestimmt.

Den Grundstein dafür legte er, als er aus seinem Jugendzimmer in Deutschland Terroristen im Ausland bei ihren Operationen unterstützte und sie etwa über das richtige Mischverhältnis von Chemikalien beim Bombenbau aufklärte. In dieser Zeit baute Alim sein Zimmer zu einer voll funktionsfähigen Bombenbauwerkstatt um, wobei aufgrund seines Chemiestudiums zunächst niemand in seinem Umfeld Verdacht schöpfte. Seine Onlineaktivitäten führten jedoch bald zu seiner Verhaftung.

Es zeigt sich, dass viele der Personen mit religiöser Vorbildung im Laufe ihrer Radikalisierung auf allzu radikale Inhalte bald irritiert reagierten. So etwa in dem Fall von Rakim, der gemeinsam mit seinem Vater regelmäßig das Freitagsgebet in einer Moschee besuchte und zudem Unterricht in einer Koranschule erhielt. Als Rakim 17 Jahre alt ist, stirbt sein Vater jedoch infolge einer Krebserkrankung. In dieser Zeit setzt sich der junge Mann erstmals mit der gesellschaftlichen Wahrnehmung des Islams auseinander. War die Religion immer ein Band zwischen ihm und seinem Vater gewesen, ist es nun das Internet, über das er sich mit Glaubensthemen beschäftigt. Bald interessieren ihn die Konflikte in Afghanistan und im Irak, die Folgen von 9/11 für Muslime überall auf der Welt sowie die Kriege, die der Westen im Namen der Terrorismusbekämpfung führt. Daneben liebte Rakim es, unter anderem in seiner

Freizeit Serien zu schauen. In ihnen suchte er immer nach einem Helden, mit dem er sich identifizieren und mitfiebern konnte. Eine ähnliche Faszination entwickelte er nun für die spannend aufbereiteten Propagandavideos dschihadistischer Gruppierungen. In einfacher Form brachten sie für ihn gesellschaftliche Problemlagen auf den Punkt, die ihm lange ein Rätsel geblieben waren. Sie gaben ihm vermeintliche Klarheit darüber, wer schuld an dem Blutvergießen im Nahen Osten war und wie sich die Konfliktlage so zuspitzen konnte, dass regelmäßig dabei auch Kinder und alte Menschen ums Leben kamen.

In den Videos, die er schaute, wurde gezeigt, wie die sogenannten Gotteskrieger mit einfachsten Mitteln ihre Operationen gegen scheinbar übermächtige Gegner planten. Sogar bei den Kampfhandlungen selbst war immer eine Kamera mit dabei. Man konnte quasi live mit seinen Helden mitfiebern. Immer wollte Rakim wissen, wie es danach weiterging. In der einjährigen Phase seines exzessiven Konsums sammelte er nahezu alle Materialien, die er zum Konfliktverlauf im Irak finden konnte, und tauschte sich in türkischen Foren zu dschihadistischen Inhalten aus. In einem Forum ist es insbesondere das Belohnungssystem, das ihn in seinen Bann zieht. Für jedes Video, das er hochlädt und teilt, jeden ideologischen Text, den er ins Deutsche übersetzt, und jeden Beitrag, den er im Forum schreibt, werden seinem Onlineprofil Punkte gutgeschrieben. Je mehr Punkte er erwirtschaften kann, desto mehr Bereiche werden für ihn zugänglich, die vorher verschlossen waren. Hinter jeder Tür, die sich öffnet, wartet neues spannendes Material, und auch die Menschen, die er dort kennenlernt, werden immer interessanter und vor allem immer mächtiger.

Es ist wie ein Sog, der ihn immer tiefer und tiefer in das Zentrum des Forums zieht. Er baut schließlich eine enge Freundschaft zu M. auf, der zu einem der führenden Köpfe der islamistischen Gruppe *Deutsche Taliban Mudschahidin* zählt. Dieser wird für Rakim zum Vorbild und Mentor zugleich. Sein Gegenüber scheint gefestigt und genau zu wissen, worum es im Leben und wohl auch im Tode geht. Beide tauschen sich aus, entwickeln Ideen zu Rakims möglicher Mitgliedschaft bei den Gotteskriegern in Wasiristan. Schließlich schlägt M. vor, dass sich beide in der Türkei treffen, um Rakims Eintritt in die Gemeinschaft voranzubringen.

In der Türkei angelangt, wartet Rakim in einem Café auf seinen Freund, der auf ihn in der virtuellen Welt immer wie ein weiser Gelehrter gewirkt hatte. Als dieser jedoch mit Baggy Pants, Zigarette im Mundwinkel und schlurfend um die Ecke kam, musste Rakim bald feststellen, dass online Schein und Sein wohl offensichtlich nah beieinanderliegen. Nun saß ihm jemand gegenüber, der offensichtlich Wasser predigte und Wein trank. Auch die grausamen Videos von Leichenschändungen, mit denen Rakim in den Foren immer wieder konfrontiert wurde, passten für ihn schon lange nicht mehr mit dem Islam zusammen, den er über seinen Vater kennengelernt hatte. Genoss es Rakim anfangs noch, sich als »new born Muslim« selbst neu kennenzulernen, wurden die Zweifel bei ihm im Laufe der Zeit immer größer, was letztendlich auch dazu führte, dass er bald Abstand von der Szene und ihrer Ideologie nahm.

Personen ohne religiöse Vorbildung haben zumeist nicht Rakims Grundlage, um die ideologischen Inhalte mit moderaten und friedlichen Auslegungen des Islams zu vergleichen. In der Regel sind sie über Freundschaftsnetzwerke mit islamistischen Szenen in Berührung gekommen. Vor allem diejenigen, die aus einem muslimischen Elternhaus kamen, in dem der Islam aber nicht gelebt wurde, äußerten zunächst das Bedürfnis, ihre Religion nur besser verstehen zu wollen. Sie hatten häufig den Drang, eine religiöse Sinnhaftigkeit zu erleben, die mit ihrer westlichen Lebensweise in Einklang zu bringen war.

Wie im Fall von Arid U. führt dieser Wunsch manchmal dazu, dass diese Personen auf einen Weg umgeleitet werden, der an der Vielfältigkeit des Islam direkt vorbeiführt. Der politische Salafismus und schließlich auch der Dschihadismus in seinem popkulturellen Gewand strecken an dieser Stelle die Hand aus.

Mittlerweile heben auch viele Islamwissenschaftler hervor, dass politische wie dschihadistische Salafisten durch ihre Präsenz im Internet nahezu Deutungshoheit über den Islam erlangt haben. Junge Suchende stoßen schnell auf ideologische Fragmente und beginnen an sie zu glauben und sie zu ganz eigenen Sinnkonstrukten zusammenzubauen – der Islamwissenschaftler Michael Kiefer spricht hier beispielsweise von einem Lego-Islam. Je nach Persönlichkeitstyp variieren diese Sinnkonstrukte und werden funktional für das eigene Leben und den eigenen Selbstwert. Sie werden im Baukastenprinzip selektiert und neu zusammengefügt. Dies haben wir auch an den Fällen von Arid, Alim und Rakim eindrücklich gesehen.

Die Bausteine, die ihnen auf diesem Weg zur Verfügung stehen, sind unter anderem zahlreiche Rechtsgutachten, in denen es nicht um komplexe ideologische Themen geht, sondern um meist ganz einfache Antworten auf ebenso simple Fragen. Im radikalen Bereich spitzen sich diese Gutachten in Richtung Gewaltrechtfertigung zu. So gibt es Fatwas gegen kritische Journalisten oder die Macher der Mohammed-Karikaturen. Stellt jemand die Frage, ob solche Karikaturen erlaubt seien und wie er sich angesichts dieser Abbildungen zu verhalten habe, lautet die Antwort der Ideologen darauf, dass derartige Karikaturen ein Beweis dafür seien, dass man die Ungläubigen töten müsse. Es geht bei derartigen Rechtsgutachten also von kleinen Alltagsfragen bis hin zu der Frage, wer eigentlich der Feind ist und wie man diesem begegnet.

Ein weiteres zentrales Motiv in der politisch und dschihadistisch ausgerichteten salafistischen Szene ist etwa das Prinzip von Loyalität und Lossagung, wonach man all jenen, die nicht auf dem wahren Weg wandeln, den Rücken kehren müsse. Bei einigen Personen, die sich radikalisieren, kommt es zu demonstrativ aggressivem und abwehrendem Verhalten, andere schalteten eher in eine Art konspirativen Modus um und ziehen sich schleichend aus sozialen Beziehungen zurück. Wichtig ist dabei, dass sich Radikalisierung kaum an Äußerlichkeiten festhalten lässt.

Vielmehr sind es spezifische Verhaltensmuster, die auf einen Radikalisierungsprozess schließen lassen.

In einer Studie, die Grundlage für die Entwicklung eines Instrumentes zur Früherkennung von Radikalisierungsprozessen war, haben wir beispielsweise unter anderem auf folgende Verhaltensmuster hingewiesen:

- Produktion und Verbreitung extremistisch-islamistischer Inhalte,
- Befürwortung von Gewalt als gerechtfertigtes Mittel zur Verteidigung der muslimischen Gemeinschaft,
- generelle Ablehnung von Gesetzen und Regeln, die vom Menschen gemacht sind,
- Intoleranz gegenüber Nicht-Muslimen und ihrer Lebensweise,
- Abwendung von Nicht-Muslimen,
- Identifizierung mit ideologischen Gewalttätern und terroristischen Organisationen.

Die Einfachheit des Baukastenprinzips zeigt sich am eindrücklichsten bei jenen, die im Rahmen ihrer Biografie sogar zwischen extremistischen Umwelten wechselten – Personen also, die in der Vergangenheit etwa in der Punkszene aktiv und Wortführer waren, später in der rechten Szene auftauchten und sich heute beispielsweise in einer salafistischen Szene bewegen. Ein prominentes Beispiel für ein solches »Hopping zwischen den Extremen« ist etwa der Anwalt Horst Mahler, der als Mitbegründer der linken Rote Armee Fraktion (RAF) gilt, der später Kontakt zu rechtsextremen Kreisen aufnahm und zudem die Nationaldemokratische Partei Deutschlands (NPD) vor Gericht vertrat. Auch der Islamist Bernhard Falk, der ursprünglich als linksextremistischer Terrorist inhaftiert wurde und in der Haft konvertierte, ist ein weiteres Beispiel. Es hat den Anschein, als wenn diese Personen nur ihre Wortwahl und ideologischen Inhalte änderten, aber von den gleichen sozialpsychologischen Mechanismen profitieren, die sich ihnen in nahezu allen extremistischen Kontexten bieten.

12

Sich für den Dschihad empfehlen: Die Kofferbomber von Köln und Koblenz

Der Fall der Kofferbomber soll an dieser Stelle noch einmal ausführlich behandelt werden, weil er eine Reihe interessanter Einblicke in die verschiedenen Ausprägungsgrade von Radikalisierungsprozessen offenbart.

Die Kofferbomber von Köln und Koblenz haben ihre Tat im April 2006 verübt. Kurz zuvor hatten sich die beiden Täter, Youssef el-H. und Jihad H., dafür entschieden, dass sie für den Nachdruck der ursprünglich von Kurt Westergaard gezeichneten und in Dänemark veröffentlichten Mohammed-Karikaturen im Jahr 2005 Rache an der deutschen Gesellschaft verüben wollten. Dafür platzierten sie in Koffer-Trolleys versteckte Sprengsätze in zwei Regionalzügen.

Die Attentäter Youssef und Jihad werteten die Veröffentlichung der Mohammed-Karikaturen als größtmögliche Beleidigung gegenüber der gesamten islamischen Welt. Für sie galt: Wird eine solche Provokation vollzogen, müsse man dies als eine Glaubensprüfung für jeden wahren Muslim verstehen. Zunächst fassten beide den Plan, die Hohenzollernbrücke, die in Köln den Rhein überspannt, in die Luft zu jagen. Ein Alternativplan bestand aus einem Anschlag auf ein Fußballstadion im Zuge der Weltmeisterschaft in Deutschland. Nur wurde Youssef und Jihad bald klar, dass sie nicht über die entsprechenden Möglichkeiten verfügten, um ein solch großes Vorhaben in die Tat umzusetzen. Denn die beiden wussten, dass es ihnen mangels einer größeren Menge an Sprengstoff wohl doch nur möglich sein werde, sogenannte weiche Ziele anzugreifen. So entstand schließlich der endgültige Plan, in zwei Regionalzügen Bomben zur Explosion zu bringen, um auf diese Weise möglichst viele Passagiere zu töten – als Vorbild dienten ihnen dabei offenkundig die Al-Qaida-Anschläge in Madrid im Jahr 2004 und in London im Jahr 2005.

Zunächst haben sich Youssef und Jihad filmische Anleitungen zum Bau ihrer Bomben aus dem Internet heruntergeladen. Die Bestandteile für die Herstellung der Sprengsätze fanden sie in Baumärkten: unter anderem Gasflaschen mit Butangas, Benzin, Wecker, Batterien und Drähte. Zusätzlich mischten sie den Sprengsätzen beim Bau noch Speisestärke bei. Diese Zutat sollte die Qualen der Opfer bis ins Unermessliche steigern, indem sich nach der Explosion, das aufsteigende Benzin-Luft-Gemisch mit der Speisestärke verbindet und als heißer Ölfilm in die Haut der umstehenden Passagiere einzieht.

Für sich selbst planten Youssef und Jihad nicht den eigenen Tod, wie es andere Täter häufig tun. Sie wollten sich vielmehr mit ihren Anschlägen für den Kampf im Irak empfehlen. Daher wählten sie Regionalzüge als Angriffsziele aus, weil sie davon ausgingen, dass ihnen auf diese Weise genügend Zeit bliebe, um an einer Haltestelle auszusteigen, während der Zug seine Fahrt bis zur Explosion fortsetzen würde. In ihrer Fantasie malten sich die beiden wohl aus, wie sie in einem Linienflugzeug abheben, während unter ihnen das Chaos ausbricht.

Youssef wurde 1984 im Libanon als sunnitischer Muslim geboren. Er stammt aus einer radikal eingestellten Familie. Aufgewachsen ist er gemeinsam mit neun älteren Brüdern sowie zwei Schwestern – einige der Brüder galten als führende Mitglieder gewaltorientierter Islamistenverbände. Im Libanon schloss Youssef die Grund- und die Mittelschule ab und erwarb im Anschluss die Hochschulreife. Nach Deutschland kam Youssef schließlich, um ein Studium der Ingenieurwissenschaft zu beginnen. Einer geregelten Erwerbstätigkeit ging er in der Bundesrepublik jedoch nicht nach, auch weil ihn seine Familie während des Studiums finanziell unterstützte.

Um die psychosoziale Verfassung des jungen Mannes stand es von Anfang an nicht gut, da er sich sehr einsam fühlte, als er nach Deutschland kam. Auf der einen Seite nahm er einen sehr hohen Erwartungs- und Erfolgsdruck vonseiten seiner Eltern wahr, auf der anderen Seite hatte er große Probleme, sich sein neues soziales Umfeld zu erschließen. Je größer Youssefs kulturell bedingte Irritationen wurden, desto mehr lehnte er die neue Welt um sich herum ab. Er zog sich immer weiter zurück. Zeitgleich stärkte er seine ohnehin schon radikal-islamisch geprägte religiöse Grundhaltung weiter und war zunehmend auf diese fokussiert. Er war tunlichst darum bemüht, islamische Regeln streng einzuhalten und seinen kompletten Tagesablauf daran auszurichten. Kommilitonen berichteten, dass Youssef etwa fünfmal pro Tag, manchmal sogar noch öfter, vermeintliche Glaubensbrüder in seiner Wohnung empfing. Er verhielt sich aufgrund seiner ideologischen Vorbildung zudem muslimischen Kommilitonen in Religionsfragen gegenüber deutlich arrogant und fordernd. So versuchte er immer wieder, sie äußerst konfrontativ mit Ratschlägen zu einer religiösen Lebensweise zu bewegen. Nichtsdestotrotz galt er als ein eher freundlicher Mensch, aber man wusste in seinem Bekanntenkreis eben auch, welche Themen man in seiner Gegenwart besser nicht ansprechen sollte, um keinen Ärger zu riskieren.

Dann kam es zur Veröffentlichung der Mohammed-Karikaturen. Youssef reagierte darauf sofort schockiert und bezeichnete die Zeichnungen als schlimmste Form der Beleidigung für einen jeden Muslim. Auch in seinen Vorbereitungskursen vertrat er gegenüber einer Lehrkraft die Meinung, dass eine gewalttätige Antwort auf diese Frevelei in jedem Fall legitim sei. Als eine Lehrerin auf das hohe Gut der Pressefreiheit verwies, stand Youssef erbost auf und verließ den Klassenraum. Den Kurs dieser Lehrerin besuchte er fortan nicht mehr.

Daneben fiel Youssef immer wieder durch seine Gedichte für Osama bin Laden und schließlich auch durch seine Trauer für den Al-Qaida Führer im Irak, Abu Musab al-Zarqawi, auf, als dieser bei einem Luftangriff ums Leben gekommen war. Es war in einer Zeit, in der Youssef klar wurde, dass er aufgrund seiner Leistungen keine Chance auf einen Studienplatz für Ingenieurwissenschaft hatte. Gleichzeitig hielt er vor seiner Familie im Libanon aber das Bild eines erfolgreichen Studenten aufrecht.

Kurz darauf trat mit Jihad der zweite Täter ins Bild. Youssef und er kannten sich aus der Zeit im Libanon nicht, obwohl ihre Familien entfernt miteinander bekannt waren. Jihad entstammte einer weniger streng gläubigen, vielmehr liberalen Familie. Er agierte während seiner Zeit in Deutschland ganz anders als Youssef. Jihad versuchte nicht, sich auf seine religiösen Wurzeln zurückzubesinnen. Auch zum Gebet ging er nur unregelmäßig. Kommilitonen gaben später an, dass man ihn sogar eher drängen musste, mitzukommen.

Frauen gegenüber zeigte sich Jihad sehr zurückhaltend, das galt besonders dann, wenn diese sich eher freizügig kleideten. In politischen Diskussionen blieb er ebenfalls eher ruhig. Er trat im Alltag nicht sonderlich radikal auf, zeigte sich jedoch immer mal wieder vom Dschihad-Motiv fasziniert. Er loggte sich beispielsweise auch regelmäßig in Foren ein, in denen er nach bestimmten dschihadistischen Gruppen recherchierte.

Auch Jihad war zum Studium nach Deutschland gekommen. Damals gerade gut 20 Jahre alt, litt er stark unter der Trennung von seiner Familie. Hinzu kam, dass er sich, ähnlich wie Youssef, durch die fremde Kultur verunsichert und überfordert fühlte. Zur Ablenkung beschäftigte er sich stundenlang im Internet mit irgendwelchen Themen.

Eines Tages erhielt Jihad von seiner Familie den Hinweis, er solle sich doch einmal bei Youssef melden. Also nahm Jihad Kontakt zu Youssef auf, der zu dieser Zeit in Kiel wohnte. Die beiden trafen sich persönlich und verbrachten mehrere Tage miteinander. Nach dieser gemeinsamen Zeit tauschten sie sich mehrfach per E-Mail aus.

Youssef erkannte schnell, dass Jihad ein leicht beeinflussbarer Mensch war. Jihad sagte später, dass Youssef über ihn regelrecht Macht gehabt habe. Er indoktrinierte Jihad und war offenkundig bemüht, seinen neuen Mitstreiter zunehmend von seinen Mitstudenten fernzuhalten. Youssef konnte Jihad schließlich von seinen Anschlagsplänen als Rache für die Mohammed-Karikaturen überzeugen: »Wenn wir es nicht tun, kommen wir in die Hölle«, so sein Argument.

Die Anleitungen für die Sprengsätze besorgten sie sich aus dem Internet. Glücklicherweise bemerkten die beiden jungen Männer ihre handwerklichen Fehler während der Bauphase nicht: Ein falsches Gas-Luft-Gemisch sorgte dafür, dass die Bomben nicht detonieren konnten. Nichtsdestotrotz gingen die Vorbereitung und die Planung für ihren Anschlag aber so weit, dass Youssef und Jihad ihre Sprengsätze eingepackt inmitten von Koffer-Trolleys in zwei Regionalzügen am Kölner Hauptbahnhof abstellten.

Die Bundesanstalt für Materialforschung wies später darauf hin, dass die Kofferbomben bei richtiger Herstellung leicht einen Feuerball von etwa 15 Metern Durchmesser und umherfliegende Metallsplitter im Umkreis von 100 Metern hätten auslösen können. Ausgebrannte Waggons, das Entgleisen der Züge und wohl etliche Tote wären die Folge gewesen. Glücklicherweise war es nicht so weit gekommen.

Youssef und Jihad bestiegen im Nachgang ein Flugzeug, mit dem sie es zurück bis in ihre Heimat Libanon schafften. Währenddessen fanden die Schaffner in den Zügen durch Zufall die Koffer in Dortmund und Koblenz und riefen daraufhin die Polizei. Es folgte eine Öffentlichkeitsfahndung. In ganz Deutschland wurden die Bilder von Jihad und Youssef in den Nachrichten gezeigt.

Das Ende war recht banal. Youssef saß mittlerweile bei seinen Eltern im Libanon und sein Vater fragte ihn, was er denn eigentlich zu Hause machen würde, wo ihm doch die Familie ein Studium in Deutschland finanziere. Der Sohn wiederum fand keine Möglichkeit, seinem Vater irgendeine schlüssige Erklärung zu liefern. Also reiste er in Richtung Deutschland zurück, obwohl er bereits darauf aufmerksam geworden war, dass dort nach ihm gefahndet wurde. Er wurde schließlich eines morgens am Kieler Bahnhof festgenommen, als er zu seinem Bruder nach Schweden flüchten wollte. Ein Gericht verurteilte ihn zu einer lebenslänglichen Haftstrafe. Jihad wiederum wurde im Libanon festgenommen und erhielt dort 13 Jahre Gefängnis.

Obwohl es zwischenzeitlich immer wieder Hinweise auf mögliche Mitwisser und Auftraggeber für die Anschläge gab, konnte weder Youssef noch Jihad die Mitgliedschaft in einer terroristischen Vereinigung nachgewiesen werden. Vielmehr agierten sie in der Ausführung ihrer Tat wohl selbstgesteuert als Einzeltäter.

Die Lebenswege beider Täter spitzten sich sukzessive zu. Sie fühlten sich in Deutschland überfordert und scheiterten im Studium, obwohl sie ihren Eltern weiterhin suggerierten, dass alles seinen geplanten Lauf nehme. Spätestens für Youssef war dieses Kartenhaus jedoch dann nicht mehr aufrechtzuerhalten, als ihn sein in Schweden lebender Bruder in Deutschland besuchen wollte. Für Youssef galt dieser quasi als verlängerter Arm seines Vaters. Im Zuge seiner Tatplanung erhielt Youssef darüber hinaus aus der Heimat die Nachricht, dass ein anderer Bruder bei einem Luftangriff der israelischen Armee gestorben war. Wohl auch dieses Krisenereignis mag einen beschleunigenden Effekt auf seine Radikalisierung gehabt haben.

Youssef fiel im Gerichtssaal durch eine besondere Impulsivität und ein großes Geltungsbedürfnis auf. Das Attentat mag ein Ausweg für ihn gewesen sein, um dem Gefühl des Versagens zu entgehen. Offenkundig identifizierte sich auch Youssefs Familie zu dieser Zeit mit radikal-islamischen Ansichten. Für den Sohn in Deutschland wurde der Anschlag offenbar zu einem Ausweg, um narzisstische Befriedigung zu erlangen und zugleich der Familie einen alternativen Weg des Erfolges zu präsentieren. Jihad, der sich in einem fremden Land zur gleichen Zeit nach einer starken Schulter sehnte, war ihm ein perfekter Partner.

13

Auf in den Kampf: Was wir über die sogenannten Dschihad-Reisenden wissen

Vom Bundesamt für Verfassungsschutz, dem Bundeskriminalamt und dem Hessischen Informations- und Kompetenzzentrum gegen Extremismus wurde eine Studie zu Personen ausgearbeitet, die zwischen 2012 und 2016 aus extremistischen Motiven in Richtung Syrien und den Irak ausgereist waren. Insgesamt wurden im Rahmen dieser Untersuchung 677 Biografien analysiert. Dabei zeigte sich, dass 79 Prozent der, zu einem Großteil in Deutschland geborenen, Reisenden (genauer: 61 Prozent) männlich waren. Der Anteil weiblicher Personen lag bei 21 Prozent. Einen recht hohen Anteil unter den Ausgereisten machen mit 18 Prozent Konvertiten aus.

Während 37 Prozent der untersuchten Personen nur die deutsche Staatsangehörigkeit besitzen, haben jeweils 18 Prozent sowohl die deutsche und marokkanische beziehungsweise sowohl die deutsche und die türkische Staatsangehörigkeit. Diese Befunde hängen insbesondere mit der Einwanderungsgeschichte Deutschlands zusammen. So sind in der Schweiz etwa mehr Personen aus den Nachfolgestaaten Jugoslawiens ausgereist, während in Österreich viele der Reisenden einen tschetschenischen Hintergrund haben.

Mittlerweile sind etwa 30 Prozent aller aus Europa ausgereisten Personen zurückgekehrt. Auch wenn einige sich nach ihrer Festnahme traumatisiert und desillusioniert vom sogenannten Islamischen Staat zeigen, so ist davon auszugehen, dass andere Rückkehrer unter dem Radar der Sicherheitsbehörden in der Szene gefeiert werden und versuchen, ehemalige IS-Kämpfer in transnationalen Netzwerken zusammenzuführen.

Bemerkenswert ist der Umstand, dass sich nur etwa 10 bis 15 Prozent aller Ausgereisten komplett über das Internet radikalisiert haben. Aber auch bei den übrigen Personen spielte der virtuelle Raum zumindest teilweise im Zuge der Radikalisierung eine Rolle. Realweltlich wie online etwa war auch die durch den früheren Innenminister Thomas de Maizière verbotene politisch-salafistische Gruppierung *Die Wahre Religion* immer wieder eine zentrale Rolle bei der Radikalisierung vieler Dschihad-Reisender. Diese war unter anderem durch die groß angelegte Koran-Verteilaktion »Lies!« in Deutschlands Innenstädten aufgefallen.

Für viele der Reisenden war die Gruppierung eine Durchgangsstation auf dem Weg in Richtung Syrien und den Irak. Der Begründer der Vereinigung, Ibrahim Abou-Nagie, ist auch heute noch in vielen YouTube-Videos präsent und schlüsselt in diesen die ideologischen Elemente des politischen Salafismus für Neugierige, Interessierte und Kritiker auf. Dabei folgt die Gruppierung immer wieder demselben Argumentationsmuster:

1. Man wird als Muslim immer ein Fremder in Deutschland bleiben, weil einen die Deutschen nicht dazugehören lassen wollen.
2. Man ist stolz darauf, in diesem Land aufgrund seiner muslimischen Identität fremd zu sein.

3. Ein jeder, der den Islam richtig auslebt, wird erleben, wie er aus der deutschen Gesellschaft ausgeschlossen wird.
4. Wer sich nicht als ausgegrenzt erlebt, lebt seine Religion nicht richtig.
5. Loyalität gegenüber den Glaubensbrüdern und Lossagung von allen Ungläubigen ist der einzig mögliche Weg, um diesen Teufelskreis zu durchbrechen.

Man erkennt, wie hier bereits ein Graben zwischen einem jedem Rekruten und der Mehrheitsgesellschaft ausgehoben wird, wenn Diskriminierungserfahrungen quasi zu einem notwendigen Indikator dafür gemacht werden, ob man seine Religion richtig auslebt oder nicht.

Berücksichtigt man die internationalen Erkenntnisse, warum ein Mensch in eine Szene hineinrutscht, so ist weiterhin das, was als der soziale Nahbereich bezeichnet wird, der entscheidende Faktor: Freunde oder auch Familienmitglieder, die in einer entsprechenden Szene aktiv sind. Durch diese emotionale und soziale Verbundenheit ist ein Mensch eher geneigt, sich auf den Weg zu begeben. Bei 41 Prozent der Syrien- und Irak-Reisenden, der Dschihad-Reisenden, gab es eine aktive Szene-Mitgliedschaft. Dort haben sie sich dann möglicherweise an den »Lies!«-Kampagnen beteiligt oder an Islam-Seminaren teilgenommen, wo dschihadistische Gruppierungen Rekrutierung betrieben.

Ein nicht unerheblicher Anteil der Personen, die in Richtung Syrien und den Irak ausgereist sind, war bereits vorher polizeilich bekannt. Insgesamt waren von den im Rahmen der Studie untersuchten Biografien 249 Personen bei der Polizei auffällig geworden – das entspricht immerhin gut einem Drittel der insgesamt 677 Biografien. 117 dieser 249 Personen waren zudem schon vor ihrer Radikalisierung, etwa aufgrund von Eigentums- oder Gewaltdelikten, der Polizei bekannt.

Die Gruppe der Dschihad-Reisenden bestätigt einmal mehr, dass eine derartige Radikalisierung oftmals gerade bei noch recht jungen Menschen erfolgt. Ein Großteil der Personen war zwischen 23 und 26 Jahren alt, als sie in Richtung Syrien oder den Irak ausreisten. Ihr Radikalisierungsprozess begann jedoch meist schon sehr viel früher, teilweise schon im Alter von 13 Jahren. Im Juni 2016 sind etwa 56 ausgereiste Minderjährige bekannt, wobei hier ein deutlich höherer Anteil weiblicher Personen zu registrieren ist als in der Gruppe der Älteren.

14

Frauen im Dschihad: Wachsende Minderheit mit verschiedenen Rollen

Frauen wurden im Phänomenbereich des Extremismus und Terrorismus lange Zeit in einer eher passiven Rolle wahrgenommen. Inzwischen gibt es zu den Profilen dschihadistischer Frauen jedoch einige aufschlussreiche Studien. Über die Zeit haben sich mehr und mehr Frauen radikalisiert. Mittlerweile weiß man von ganzen Frauennetzwerken in Deutschland, welche die Rekrutierung, Vernetzung, logistische Unterstützung und Propaganda übernehmen, ebenso wie die Erziehung ihrer Kinder nach ideologischem Vorbild. Sie werden immer wichtiger, wenn es darum geht, die Fäden der Szene in einer Zeit zusammenzuhalten, in der ihre männlichen Counterparts unter besonderer Beobachtung der Sicherheitsbehörden stehen oder in Syrien und dem Irak den Tod gefunden haben.

Aus der bereits erwähnten Studie des Bundesamtes für Verfassungsschutz, des Bundeskriminalamtes und des Hessischen Informations-

und Kompetenzzentrums gegen Extremismus geht hervor, dass von den 677 untersuchten Ausreisenden 21 Prozent weiblichen Geschlechts sind. Bisher sind weibliche Personen in den terroristischen Netzwerken vor allem durch Unterstützungshandlungen aufgefallen, etwa durch das Sammeln von Spenden oder die Verbreitung von Propaganda, insbesondere über das Internet. Viele von ihnen verstehen den Dschihad per Tastatur als ihre Aufgabe und Mission.

Vor dem Hintergrund ihres Radikalisierungsverlaufes sowie ihrer Motivstruktur und Verhaltensmuster über die Zeit unterscheidet die Sozialwissenschaftlerin Katrin Strunk verschiedene Typen voneinander. Die herausgearbeiteten Profile lassen sich zunächst in aktive und passive Rollen unterscheiden. So folgen die Frauen in den passiven Rollen im Grunde einem traditionellen Frauenbild im Islam. Sie sind gemeinsam mit ihrem Ehemann oder Familienangehörigen in den Dschihad ausgereist. Die Ausreise war also weniger ihrem eigenen aktiven Wunsch geschuldet als vielmehr ihrer sozialen Abhängigkeit innerhalb der Familienstrukturen.

Es finden sich unter den weiblichen Personen aber auch jene, die sich selbst als emanzipierte Kämpferinnen verstehen und sich im Dschihad verwirklichen wollen. Schaut man sich die Biografie dieser Personen an, stellt man fest, dass sie in aller Regel in Deutschland aufgewachsen sind und von klein auf mit westlichen Werten sozialisiert wurden.

Zu dieser Gruppe zählt auch die 16-jährige Safia S., die im Februar 2016 am Hauptbahnhof in Hannover einen Bundespolizisten mit dem Messer töten wollte – weil dieser für sie in erster Linie ein Vertreter der verhassten Bundesrepublik war. Safia S. war schon sehr früh in der Szene um Pierre Vogel herum aktiv. Sie fiel zunächst durch ihre hübsche Singstimme auf, mit der sie in arabischer Sprache religiöse Gesänge, die sie mit ihrer Mutter einstudiert hatte, vortrug. Vogel, der islamistische Prediger, der vom Christentum zum Islam konvertierte und als sehr einflussreich in der Salafistenszene gilt, sprach sich anerkennend über ein Mädchen wie Safia aus, das in Deutschland aufwächst, sogar einen deutschen Nachnamen hat und dennoch streng nach islamischem Glauben und Brauch lebt.

Daneben sind immer wieder die Bilder von weiblichen Teenagern durch die Medien gegangen, die sich an einem Tag noch geschminkt mit Selfie auf Facebook präsentieren und bereits am nächsten vollverschleiert aus dem sogenannten Islamischen Staat posten.

Den Nährboden für diese Wandlungsprozesse bildet oftmals der tief verwurzelte Wunsch, gegen das Elternhaus oder auch gegen die Gesellschaft zu rebellieren. Und womit wäre das besser möglich als mit den propagandistischen Inhalten des IS? Es ist ihre Naivität, ihr Aktionismus und die Romantisierung des eigenen Lebens, die diese jungen Frauen in die Fänge der Extremisten, die ihnen genau das erzählen, was sie hören wollen, treibt. Dem Leser sei hier nochmal die Geschichte von Anna und ihren Erlebnissen mit tschihadistischen Chatpartner vor Augen geführt.

Gerade in jüngster Zeit fällt auf, dass immer häufiger Frauen zum Ziel von Rekrutierungsversuchen werden. Diese Frauen in der Rolle von Rekruten und Kämpfern des IS entsprechen natürlich so gar nicht dem traditionellen Frauenbild des Islam. Doch daran lässt sich festmachen, dass der sogenannte Islamische Staat sehr pragmatisch und vor allem strategisch agiert. Dadurch, dass er es schafft, junge im Westen sozialisierte Frauen zu rekrutieren, schafft er zugleich einen vermeintlichen Beweis dafür, welche Macht er auf die Menschen im Westen auszuüben in der Lage ist. Weil er nun auch fähig ist, weibliche Personen dazu zu bewegen, nach Syrien und in den Irak zu kommen, um dort die Moral der männlichen Kämpfer zu unterstützen. Es ist erwähnenswert, dass die Onlinekommunikation zwischen den männlichen Kämpfern und den jungen Frauen lange Zeit einfach über WhatsApp, Twitter oder vergleichbare Netzwerke abgelaufen ist. Später waren es dann der Onlinedienst Telegram und etwa die russische Kommunikationsplattform VK.com, weil man auf diesen Plattformen weniger Staats- und Verfassungsschützer fürchtete.

Es gibt aufseiten der Anwerber immer wieder weibliche Personen, die zum Beispiel über ihre eigene Heirat mit einem IS-Kämpfer berichten. Und auch davon, wie schön es angeblich ist, auf den eigenen Mann zu warten, um dann zu hören, dass er als Märtyrer gestorben ist. Außerdem werden sie nicht müde, darauf hinzuweisen, dass es die Pflicht einer jeden Muslima sei, nach Syrien oder in den Irak zu kommen, um dort die männlichen Kämpfer zu unterstützen.

In den Frauenbrigaden des IS wurden zudem weibliche Personen als Sittenwächterinnen eingesetzt. Sie sollten unter anderem gefangene Frauen zum Sex mit aktiven IS-Kämpfern zwingen. Zudem gab es die al-Khansaa-Brigaden, bei denen es sich um eine Art religiöser Polizei, die sich ausschließlich aus Frauen zusammensetzt, handelt. Die Psychologin Anne Speckhard beispielsweise hat Interviews mit einigen Syrien-Rückkehrerinnen geführt, die sich während ihrer Zeit im Dschihad alles andere als passiv verhielten. Sie berichteten darüber, wie sie lange darunter litten, Spielball ihrer Lebensumgebung zu sein. Die Folterbrigaden, in denen sie einen Platz fanden, gaben ihnen schließlich selbst die Möglichkeit, Macht über andere Menschen auszuüben. Man bekommt hier einen Eindruck, warum Menschen im Zuge ihrer Radikalisierung zu den abscheulichsten Gewalttaten fähig werden.

VI

Perspektivwechsel: Hass von rechts

15

Hasstaten mit rechtsextremem Hintergrund

In Salzhemmendorf in Niedersachsen wurde im Jahr 2015 ein Brandsatz auf ein Flüchtlingsheim geworfen. In dem Zimmer, in dem der Brandsatz einschlug, übernachtete normalerweise ein Kind. Allein die Rauchentwicklung hätte ein schlimmes Ende nach sich gezogen. Tatsächlich aber konnte die Familie, die den angegriffenen Bereich bewohnte, durch ein Fenster fliehen.

In diesem Fall zeigte sich, wie in vielen ähnlich gelagerten Fällen, dass hinter der Hasstat ein soziales Milieu stand, in dem Ausländerfeindlichkeit fast schon als normal angesehen wurde.

Die Verantwortlichen schienen zunächst auch bezogen auf ihre Einstellungen zur bürgerlichen Mitte zu gehören. Im Lauf des Prozesses kamen jedoch bedenkliche Dinge über die Hintergründe der Täter ans Licht, wie beispielsweise die außerordentliche Freude darüber, als das Kind von einem der Täter im Alter von nur zwei Jahren bereits den Namen Adolf Hitler aussprechen konnte. Oder die Vorliebe für rechtsradikale Musik, darunter Titel wie »Kanake verrecke« von der Rechtsrockband Landser.

Gleichzeitig aber, und das deutet zumindest auf eine gewisse Ambivalenz hin, ging man auch zu Solidaritätsdemonstrationen für Flüchtlinge.

Der Haupttäter von Salzhemmendorf war als Feuerwehrmann aktiv. Bei dem Anschlag war er einerseits derjenige, der den Brand gelegt hatte, andererseits aber auch als einer der Ersten dabei, als die Löscharbeiten durchgeführt wurden.

Vor der Tat hatte es seinerseits immer wieder seltsame Andeutungen gegeben, die jedoch von anderen nicht als Vorwarnungen oder als problematisch gewertet wurden. So sagte der Haupttäter einmal, dass er richtig feiern werde, wenn im Ort ein *Neger* sterbe. Im Nachhinein wird oftmals deutlich, dass die soziale Umgebung etwas hätte ahnen können. Wenn man genauer hinschaut beziehungsweise hinhört, gibt es in der Regel immer wieder einem Muster entsprechende auffällige Verhaltensweisen, auf die frühzeitig reagiert werden sollte.

Der 31-jährige Haupttäter versuchte sein Handeln zunächst als Impulstat unter Alkoholeinfluss abzutun. Er gab an, dass er einfach zu viel getrunken habe und sich im Grunde gar nicht mehr an die Vorfälle erinnern könne. Er versuchte offenbar auf diese Weise, die fremdenfeindlichen Beweggründe zu verschleiern und sein Handeln als Resultat eines persönlichen Kontrollverlustes darzustellen. Der Versuch allerdings scheiterte. Im Zuge des Verfahrens stellte sich heraus, dass der Täter etwa eine Tätowierung, die einem Wikingerschiff mit einer germanischen Rune ähnelt – ein Erkennungszeichen der verbotenen Wiking-Jugend –, trug. Ferner stach auf einem seiner Oberarme eine Faust mit einem Totenkopfring nach dem Vorbild der SS hervor. Diese der Identifizierung dienlichen Symbole machen bereits deutlich, dass sich hinter der Tat nicht einfach nur irgendeine spontane Stimmung verborgen hatte. Vielmehr war die rechte Ideologie zur Tatzeit längst fester und stabilisierender Teil seiner Identität geworden.

Die Tat wurde auch möglich, weil Hass und Gewalt gegen Fremde lange Zeit in dem sozialen Milieu, in dem sich die Täter bewegten, als ein akzeptables, vielleicht sogar als gewünschtes Verhalten angesehen wurden.

Ein Familienmitglied erklärte im Verlauf des Prozesses, dass der Haupttäter eigentlich gar nicht fremdenfeindlich sei, nur einfach seine eigene Meinung habe, die er vertrete und deutlich mache. Eine weitere Angeklagte im Verfahren war die Mutter des Haupttäters. Sie arbeitete als Altenpflegerin und engagierte sich zudem in der Kirche. Am Morgen nach der Tat schickte sie ihrer Tochter via WhatsApp eine Nachricht mit dem Inhalt: »Was habt ihr da angestellt? Molli ins Asylbewerberheim ne, ne, ne.« (Mit »Molli« ist ein Molotowcocktail gemeint.) Ergänzt wurde diese Nachricht von einem Smiley, der Tränen lacht und damit klar Belustigung symbolisiert. Die Tochter antwortete darauf: »Wir haben alle ordentlich heia gemacht, aber schadet ja nichts.«

Derlei verharmlosende Konstrukte können, werden sie in einer Gruppe geteilt und befürwortet, zu einer regelrechten Normalisierung von extremen Ideologien und damit zu Rechtfertigungsmustern für schwere Gewalt oder sogar Tötungen avancieren. Manchmal genügt dann ein letzter Auslöser, ein Frustrationserlebnis, Alkoholeinfluss oder ein Signalereignis, wie etwa die Gewalttat eines Migranten, dass sich der Hass des sozialen Milieus ungezügelt entlädt. Wenn sich solche Einstellungen unter einer scheinbar normalen Oberfläche etablieren, wird es problematisch, da durch sie die Verständigung über ein demokratisches und gewaltfreies Miteinander sukzessive ausgehöhlt und im schlimmsten Falle sogar aufgekündigt wird.

Es ist daher von enormer Bedeutung, wie öffentlich über Werte, Normen und demokratische Werte diskutiert wird.

Wo sich menschenfeindliche Einstellungen durch Duldung und Befürwortung verfestigen, bauen sich immer auch Hemmschwellen zur Gewalt ab.

Dies zeigt sich insbesondere auch, wenn man sich die Radikalisierungsprozesse der beiden rechtsextremistischen und gewaltorientierten terroristischen Verbünde Oldschool Society und Gruppe Freital anschaut, die zwar weitgehend als autonome Zellen agierten, deren Entstehung ohne ein entsprechendes von Wut, Angst und Misstrauen geprägtes gesellschaftliches Klima aber kaum denkbar gewesen wären. Während erstere Gruppierung mit Nägeln bestückte Sprengsätze herstellen und in bewohnte Asylbewerberunterkünfte werfen wollte, um die Attentate später Islamisten in die Schuhe zu schieben, entwickelte sich die zweite Gruppierung aus einer Bürgerbewegung im Rahmen der »Nein zum Heim«-Kampagne in Freital. Im Jahr 2016 fanden sich in äquivalenten »Nein zum Heim«-Facebook-Gruppen etwa 75 000 Personen aus ganz Deutschland zusammen. Diese Gruppen wurden in vielen Fällen auch zu einem Radikalisierungskontext für jene Täter, die etwa in den Jahren 2015 und 2016 einen rasanten Anstieg von Gewalttaten gegen geflüchtete Menschen und ihre Unterkünfte zu verantworten hatten. Menschen aus der Mitte der Gesellschaft trafen hier auf Propagandisten der rechtsextremen Szene, welche die gesellschaftliche Stimmung geschickt zu nutzen und ideologisch aufzuladen wussten. Prototypische Eskalationsmuster haben sich aber auch in den gewalttätigen Ausschreitungen in Cottbus, Kandel und anderen Städten gezeigt, in denen Gewalttaten von Personen mit Migrationshintergrund von rechtspopulistischen und rechtsextremen Gruppierungen generalisierend und stereotypisierend ausgeschlachtet wurden, um wiederum zur Gewalt gegen Geflüchtete im Sinne eines »Kulturkampfes« und einer »Verteidigung deutscher Identität« aufzurufen. Bereits in den Neunzigerjahren war diese brisante Mischung ein Nährboden für gewalttätige Ausschreitungen, die etwa in Rostock-Lichtenhagen und Hoyerswerda ihren Höhepunkt fanden und teilweise von einer erschreckenden Volksfeststimmung beseelt waren.

16

Der NSU und die Frage, was zuerst da war

Im Juli 2018 wurde die 43-jährige Beate Z., als einzige Überlebende eines dreiköpfigen Terrortrios, nach einem 5 Jahre andauernden Prozess vom Oberlandesgericht München des zehnfachen Mordes für schuldig befunden und zu einer lebenslangen Freiheitsstrafe verurteilt. Darüber hinaus stellte der zuständige Richter die besondere Schwere der Schuld fest. Während man die Problematik rechter Gewalt lange vor allem mit situativen und alkoholbedingten Auseinandersetzungen junger Männer in Verbindung brachte, führte die Aufdeckung des NSU im November 2011 zu einer erhöhten Sensibilisierung der Sicherheitsbehörden für zielgerichtete Gewalttaten aus dem rechten Spektrum. Der Prozess sowie die nachfolgenden Entwicklungen zeigten schnell, dass es sich bei Uwe M., Uwe B. und Beate Z. nur um die Speerspitze militanter rechtsterroristisch ausgerichteter Personen in Deutschland handelte. Die Kontexte der Radikalisierung im rechten Spektrum sind seitdem in den letzten Jahren immer dynamischer geworden.

Auch der Nationalsozialistische Untergrund (NSU) keimte in einer Dynamik, die auf bürgerlichen Kulissen, Verharmlosungen und Ausweichmanövern beruht. Den Kern des NSU bildeten Uwe M., Uwe B.

und Beate Z. Ein Jugendpfarrer aus Jena kannte alle drei NSU-Mitglieder über Jahre hinweg. Er erklärte später, dass Uwe M. der Anführer der Gruppe gewesen war, während B. eher ein sehr aggressiver Mitläufer gewesen sei. Beate Z. wiederum habe nach außen eine harmlose und freundliche Fassade gezeigt, aber auch sie sei mitunter aggressiv und dazu extrem fremdenfeindlich aufgetreten.

Uwe M. fiel schon früh, etwa in der zehnten Klasse, dadurch auf, dass er Computerspiele mit antisemitischen Inhalten entwickelt hatte, die zudem mit Marschmusik aus dem Dritten Reich unterlegt waren. Grundsätzlich, so berichteten Schulfreunde, sei es in dem Spiel darum gegangen, möglichst viele Juden zu erschießen. Daneben galt er als überaus intelligent und erhielt in den naturwissenschaftlichen Fächern, ohne sich großartig anstrengen zu müssen, regelmäßig sehr gute Noten.

Offenbar hat bei Uwe M. schon früh eine Radikalisierung stattgefunden. Er inszenierte sich selbst zunehmend militant und ging kaum einer Schlägerei aus dem Weg. Im Alter von 15 Jahren fängt er an, erste Kontakte zur rechtsextremen Szene in Jena zu knüpfen, sich die Haare zu rasieren und zunehmend auch bei rechtsextremistischen Veranstaltungen in Erscheinung zu treten. Mit etwa 21 Jahren war Uwe M. bereits zum Anführer der Szene in Winzerla emporgestiegen und betrachtete sich selbst als Teil der ideologisch geschulten Elite in Jena. Neben seinem ausgeprägten Hang zur Gewalt, der teilweise in einer regelrechten Jagd auf Punks ihren Ausdruck fand, hatte er durchaus Pläne für seine Zukunft. So strebte er bis zu seinem Abtauchen in den Untergrund im Jahr 1998 die Hochschulreife in einem Kolleg in Ilmenau an, in dem er bei Dozenten und Mitschülern zwar als fanatischer Nationalsozialist, aber auch als hochintelligent galt.

Während Uwe M. bereits im Alter von 13 Jahren angefangen hatte, den Nationalsozialismus zu verherrlichen, und in Bezug auf politische Themen regelmäßig die Konfrontation mit anderen Personen, etwa seinen Lehrern, suchte, galt Uwe B. lange Zeit eher als unpolitisch. Er hatte weder einen

Schulabschluss noch eine Berufsausbildung und jobbte als Hilfsarbeiter. Daneben galt er als Waffennarr und als Mann fürs Grobe. Er pflegte seine Aggression, den Kampf und das Ausleben seiner Wut. Zudem hatte B. eine kriminelle Vorgeschichte und fiel bereits früh, nachdem er im Alter von elf Jahren seinen Bruder verloren hatte, durch allgemeinkriminelle Straftaten wie etwa wiederholte Einbrüche und Diebstähle von Fahrzeugen auf. Parallel wurden seine Schulleistungen durch vermehrtes Dem-Unterricht-Fernbleiben immer schlechter. Von der Hauptschule ging es für ihn im Alter von 15 Jahren ohne Abschluss auf eine Lernförderschule, von der er bald wieder verwiesen wurde, weil er aus dieser Computer gestohlen hatte. Ebenfalls auf der Liste seiner Straftaten findet sich der Diebstahl von Fahrzeugkennzeichen, das Fahren ohne Fahrerlaubnis und der Widerstand gegen Vollstreckungsbeamte.

Sein weiterer biografischer Werdegang führte ihn vom Kinderheim in die Jugendstrafanstalt, in der er im Jahr 1993 etwa vier Monate in Haft saß. Die Hinwendung zu rechtsextremistischem Gedankengut vollzog sich bei Uwe B. etwa ein Jahr später relativ schnell, als er auf seinem Schulweg wiederholt am Winzerklub in Jena vorbeikam, einem Jugendklub, in dem zu diesem Zeitpunkt rechtsextreme Szenegrößen verkehrten. Hier lernte Uwe B. nicht nur seine spätere Lebensgefährtin Beate Z. kennen, sondern fand aufgrund seiner Gewaltaffinität und Gefängniserfahrung auch eine Gruppe, die ihm Respekt und Anerkennung entgegenbrachte.

Während sich seine kriminellen Handlungsmuster im Kern kaum veränderten, waren sie jetzt jedoch ideologisch unterfüttert. Unter anderem wurde gegen Uwe B. in dieser Zeit ermittelt, weil er eine Puppe mit einem Davidstern, dem Wort »Jude« und der Aufschrift »Vorsicht, Bombe!« an einer Brücke aufgehängt haben sollte. Gemeinsam mit Uwe M. und Beate Z. marschierte und provozierte er in SS-Uniformen, markierte und benannte national befreite Zonen, deponierte Bombenattrappen und ließ sein Leben vom nationalistischen Kampf leiten – dabei tauchten die drei späteren Komplizen immer tiefer in das Zentrum der Szene in Sachsen und Thüringen ein und bauten unter anderem Kontakte zum äußert gewaltorientierten Blood-and-Honour-Netzwerk auf. Parallel legte Uwe B. ein Waffenlager mit Messern und Schusswaffen an.

Die Dritte im Bunde war Beate Z., die zunächst bei ihrer Mutter und später Großmutter aufgewachsen war. Nachdem sie im Jugendalter mit einem Freund aus der Punkszene zahlreiche Straftaten wie Einbrüche und Diebstähle begangen hatte, lernte sie Uwe M. kennen und wurde bald zu einem festen Bestandteil der rechtsextremen Kameradschaft um den Winzerklub, in der sie sich als einzige weibliche Person regelmäßig auch politisch engagierte. Die Liebesbeziehung zu Uwe M. löste sich schließlich auf, als dieser zur Bundeswehr ging, um seine Grundausbildung zu absolvieren. Beate Z., die später Uwe B. kennen- und lieben lernte, blieb jedoch weiterhin aktiv in der Szene und meldete bundesweite Demonstrationen an, verteilte Plakate mit rechtsextremem Gedankengut, organisierte Aufmärsche und hatte wohl später auch einen erheblichen Anteil daran, wenn es um die Aufrechterhaltung der unauffälligen bürgerlichen Fassade zur Tarnung des Trios ging. Letzteres wurde notwendig, als sich Uwe M., Uwe B. und Beate Z. 1998 entschlossen, in den Untergrund zu gehen, da die Polizei gegen sie ermittelte. Diese war auf eine Bombenbauwerkstatt der drei Komplizen aufmerksam geworden und hatte in diesem Zuge auch die Wohnungen des Trios untersucht.

Während Uwe M., Uwe B. und Beate Z. sich im Zuge ihrer bundesweiten Mordserie, die zwischen den Jahren 2000 und 2006 neun Menschen mit Migrationshintergrund und einer Polizistin das Leben kostete, als politische Soldaten inszenierten, wurden sie von einem ganzen Netzwerk unterstützt. So wohnten sie bei Szenemitgliedern, bezogen von ihnen Waffen, Ausweispapiere und Geld. Daneben veranstaltete die Szene zur Unterstützung des NSU Konzerte und produzierte Szenekleidung.

Die Frage, ob die rassistische Grundhaltung oder die Gewalttätigkeit bei den Mitgliedern des NSU zuerst da war, führt wiederum zu der Frage, welche Rolle eigentlich die Ideologie im Zuge der Radikalisierung spielt. Bei manchen Menschen in einem terroristischen Umfeld spielt diese Ideologie allein als Orientierungsrahmen eine Rolle, bei anderen Tätern ist die Ideologie hingegen ganz entscheidend, um die eigene Identität zu stabilisieren – sie gibt ihnen Sinn und Ziele im Leben. Wichtig sind aber immer auch die sozialen Bezugsrahmen, egal ob für Anführertypen oder Mitläufer. Das Zusammenspiel von Uwe B., Uwe M. und Beate Z. ist prototypisch für die soziale Dynamik, die sich in terroristischen Verbünden zwischen verschiedenen *True-Believer*-Typen entfalten kann. Das Zusammenspiel der unterschiedlichen, aber sich durchaus ergänzenden psychologischen Bedürfnisse, Antriebe und Persönlichkeitsaspekte entwickelt sich zu einem Beschleuniger, einem Katalysator, der alle Mitglieder immer stärker in Richtung Gewalt treibt, weil Hemmschwellen durch gemeinsame Isolation und durch stete gegenseitige Bestärkung, Kontrolle und Abhängigkeiten immer weiter abgebaut werden.

Die Analyse der Bedürfnisse und Antriebe, die ideologischer Gewalt zugrunde liegen, ist wichtig, aber auch die Analyse der eingenommenen Rollen eines jeden Mitgliedes in der Gruppe ist zentral, wenn es darum geht herauszufinden, wo Sozialarbeiter, Therapeuten, Behörden, Politiker und andere Institutionen im Sinne einer De-Radikalisierung ansetzen können. In den Kapiteln zuvor wurden diese beiden Dynamiken bereits beleuchtet. Hier hat sich gezeigt, dass im Zuge von Radikalisierungsprozessen neben der ideologischen immer auch die soziale Dimension eine Rolle spielt – im Rahmen von Gruppendynamiken und Sozialisationsumgebungen.

VII

Ein Blick zurück

17

Terroristische Einzeltäter sind nicht nur ein Phänomen der Neuzeit: Das Sisi-Attentat

Wenn es um Terrorismus durch Einzeltäter geht, ist damit meist auch der Glaube verbunden, dass es sich um ein sehr modernes, nahezu ausschließlich in der Gegenwart verankertes Thema handelt. De facto finden sich auch in der Vergangenheit Vorfälle, die geradezu verblüffende Ähnlichkeiten mit dem aufweisen, was uns heute beschäftigt.

Schauen wir in die Geschichte des Phänomens, so finden wir ein Muster, das zurückreicht bis in das 19. Jahrhundert. Auch zu jener Zeit wurden entsprechende Taten meist von verzweifelten, wütenden jungen Menschen begangen. Sie zogen die Ideologie ihrer Zeit heran, um ihre Gefühle von Ohnmacht und Ausweglosigkeit zu bekämpfen beziehungsweise mit ihnen umzugehen. Hinzu kam indessen oft noch ein weiteres Motiv – nämlich der Wunsch, berühmt zu werden. Gerade in dem Zusammenhang bieten sich radikale Ideologien sowie die Berichterstattung nach vollzogenen Taten geradezu an.

Ein klassisches Beispiel für einen Menschen, der einer solchen Person zum Opfer fiel, kennen wir aus der Film- und Fernsehgeschichte: die Prinzessin und spätere Kaiserin von Österreich-Ungarn, Sisi. Die romantischen Filme zogen seit den Fünfzigerjahren ein großes Publikum in die Kinos und später auch vor den heimischen Bildschirm. Doch was nicht jeder weiß, ist, dass Kaiserin Sisi nicht nur eine strahlende Person, sondern am Ende ihres Lebens vor allem auch ein Opfer war. Und zwar das Opfer einer Gewalttat, ausgeübt von einer Person, die wir heute als einen *Lone-Actor*-Terroristen bezeichnen würden, einen Einzeltäter also, der eine terroristische Ideologie vertrat.

In allen Epochen lassen sich gewisse Wellen terroristischer Ideologien feststellen, die zu ihrer Zeit dann jeweils auch weltweit an Bedeutung gewannen. Im späten 19. Jahrhundert war es der Anarchismus.

Kaiserin Sisi wurde am 10. September 1898 in Genf, wo sie am Vortag eingetroffen war, ermordet. Sie hatte es nicht gern, wenn sie ihr Wachpersonal – heute wären es Personenschützer oder Bodyguards – um sich herum hatte. Ihre Wachleute mussten immer einen gewissen Abstand halten und ihr möglichst unauffällig folgen. Die Männer durften sich nicht in ihrem direkten Sichtfeld bewegen, was ihnen ihre Aufgabe natürlich deutlich erschwerte und was der Kaiserin letztendlich auch zum Verhängnis wurde.

Dass die Kaiserin sich überhaupt in Genf aufhielt, war kaum jemandem bekannt, da sie in diesen Tagen inkognito reiste. Trotz der Geheimhaltung kursierten jedoch Gerüchte, dass die österreichische Kaiserin in der Stadt war. Am Tattag war genau das zudem auf einer Ankündigungstafel des Fremdenverkehrsamtes zu lesen.

Gegen 13:10 Uhr befand sich die Kaiserin mit Begleitung auf dem Weg von ihrem Hotel Beau-Rivage zum Genfer See, wo sie mit einem Dampfer in den Ort Caux weiterreisen wollte. Auf dem Weg trat plötzlich ein Mann auf sie zu und stach ihr eine zuvor eigenhändig angespitzte Feile in das Herz. Die Kaiserin merkte zunächst gar nicht, dass sie schwer verwundet war, sie realisierte auch den eigentlichen Angriff kaum. Der Einstich der Feile war so winzig, dass kaum Blut austrat und der Stich als ein Faustschlag interpretiert wurde. Zwar ging Sisi zu Boden, sie stand aber schnell wieder auf, bedankte sich sogar bei den zu Hilfe herbeigeeilten Passanten und besprach sich mit ihrer Hofdame über das Geschehen.

Auf dem Dampfer angekommen, brach Sisi jedoch zusammen, angeblich soll sie noch gefragt haben: »Aber was ist denn mit mir geschehen?« Sie wurde zurück in das Hotel gebracht, wo sie bald darauf der Verletzung erlag.

Der Täter hieß Luigi L. und war italienischer Staatsbürger. Dass er für seinen Angriff eine Waffe wie die angespitzte Feile gewählt hatte, lag vor allem darin begründet, dass L. sehr arm war. Er konnte sich eine Waffe, wie etwa eine Pistole, schlicht nicht leisten.

Der Plan, Kaiserin Sisi zu attackieren, war nicht daraus erwachsen, dass L. auf sie fixiert war. Er hegte vielmehr allgemein eine große Wut gegen Herrscher und hatte zuvor schon darüber nachgedacht, den italienischen König oder einen italienischen Prinzen zu ermorden. Den Plan hatte er jedoch allein deshalb verwerfen müssen, weil er nicht über die finanziellen Mittel verfügte, um dorthin zu reisen. So war es letztlich so etwas wie ein tragischer Zufall, dass der junge Attentäter mit seinem Wunsch, einen Herrscher oder eine Herrscherin zu töten, auf die schlecht bewachte und unbewaffnete Sisi traf.

Versucht man, Luigi L. als Charakter genauer zu ergründen, trifft man auf ein Persönlichkeitsraster, das auf viele solcher Attentäter bis hinein in die Gegenwart zutrifft. Hinter dem Leben von Luigi verbirgt sich nach näherer Betrachtung eine traurige Geschichte. Luigi L. war ein uneheliches Kind und seine sehr arme Mutter hat ihn gleich nach der Geburt ins Waisenhaus geben müssen, weil sie ihn gar nicht hätte ernähren können. Im Waisenhaus musste Luigi L. schwere körperliche Arbeiten verrichten. Später wuchs er bei wechselnden Familien auf, bis er eines Tages zu Pflegeeltern kam, bei denen er viele Jahre bleiben sollte und die er tatsächlich als seine Eltern wahrnahm. L.s Leben hätte daraufhin einen glücklichen Verlauf nehmen können. Allerdings fanden die Pflegeeltern, dass der Junge eine Ausbildung machen müsse, und schickten ihn hinaus in die Welt, um ihm einen Start in die Eigenständigkeit zu ermöglichen. L. jedoch hat diesen Verlust der Geborgenheit vermittelnden Familiensituation und den Bruch, den er durch den erzwungenen Weggang erlitt, nie verwunden. Jahre später, im Gefängnis, hat L. ein Buch über sein Leben geschrieben, in dem er diese Zeit sehr emotional schilderte.

Frühe Bindungsabbrüche sind für die Entwicklung eines Menschen verheerend, weil sich dadurch kaum ein gesundes Selbstgefühl entwickeln lässt. Man misstraut Beziehungen mit anderen Menschen und kann sie nicht gut zu anderen aufbauen.

L.s weiteres Leben verlief nach seinem Fortgang von den Pflegeeltern sehr unstet. Er irrlichterte durch Europa und war teilweise so arm, dass er sich nicht einmal Schuhe leisten konnte. So soll er in einem Winter nur mit Lumpen an den Füßen über den San-Bernardino-Pass bis nach Lausanne gewandert sein, wo er dann für den Bau der neuen Post eine Anstellung fand.

Eine der wohl besten Phasen in Luigi L.s Leben war die Zeit, die er als Soldat bei der italienischen Kavallerie verbrachte, wo er sich bewähren und so weit profilieren konnte, dass er eine Anstellung bei dem Prinzen von Aragón als Diener bekam. Heute mag der Begriff »Diener« etwas abschätzig klingen, doch damals war eine Anstellung als Diener bei einem Prinzen eine herausragende Position. Vor allem muss man bedenken, dass diese Stellung für L. regelmäßiges Essen und saubere, gepflegte Kleidung bedeutete – was in seinem Leben keineswegs immer selbstverständlich gewesen ist.

Luigi L. genoss seine Anstellung und den regelmäßigen Kontakt zu bekannten Persönlichkeiten wie dem Prinzen und seinem Umfeld. Doch nach einer Weile machte er wohl missverständliche Äußerungen, die zur

Folge hatten, dass er diese Stellung wieder verlor. Das bedeutete für L. einen erneuten und sehr tiefen Einschnitt in seinem Leben. Noch lange Zeit schrieb er Briefe an den Prinzen und bat um Wiedereinstellung.

Dieser zweite zentrale Verlust führte dazu, dass sich L.s Leben änderte. Der junge Italiener schloss sich kurz darauf den Anarchisten an und entwickelte – vermutlich ist die Kündigung auch der Auslöser dafür – einen Hass auf Prinzen sowie Obrigkeiten, königliche Familien und Herrscher jeglicher Couleur. Trotzdem kann man sich Luigi L. nicht als vollwertiges Mitglied der anarchistischen Bewegung seiner Zeit vorstellen, die kontinuierlich Anschläge vorzubereiten versuchte. Eher faszinierte ihn die Radikalität der Bewegung, und er prahlte gerne mit seinem Sympathisantentum, aber die anarchistische Bewegung war nicht zu seinem Lebensziel oder einem Lebensinhalt geworden. Vielmehr ist L. nur auf diese Ideologie aufgesprungen, die gerade in der Luft lag.

Dann allerdings kam es in Italien zu einem Arbeiteraufstand, der vom König niedergeschlagen wurde. Das führte dazu, dass L. erstmals über einen Anschlag auf einen König nachdachte. Allerdings fehlten ihm wie erwähnt schlicht die Mittel, um dorthin zu reisen, wo sich der König aufhielt.

Aufschlussreich ist, was L. angab, als man ihn nach dem Attentat auf Sisi fragte, welche Absicht er mit der Tat denn eigentlich verfolgt habe. Seine simple Antwort lautete, dass er sich auf diese Weise für sein Leben rächen wollte. So etwas lässt sich auch heute noch bei vielen Attentätern feststellen: Die Attentate sind häufig eng geknüpft an die eigene Biografie und ein Gefühl von Wut und Verlassenheit. L. ist zudem ein Beispiel dafür, dass manche Menschen ihren eigenen Anteil am Verlauf ihres Lebens und Schicksals gar nicht richtig wahrnehmen und einordnen, sondern die Schuld vornehmlich anderen zuschreiben.

Nach seiner Tat unternahm L. keinerlei Fluchtversuche, sondern blieb einfach am Tatort. Später zeigte er sich regelrecht begeistert von seinem Prozess vor Gericht und genoss offenbar sogar die damit verbundene Öffentlichkeit. Das unterstreicht unter anderem ein Foto, das aus dieser Zeit existiert. Dieses Bild zeigt L., der von zwei Polizisten zum Verhör geführt wird, mit einem strahlenden Lächeln auf dem Gesicht. Weil er es eben ganz fantastisch fand, dass er nun endlich einmal im Mittelpunkt stand. Zu der Aufmerksamkeit, die er genoss, zählte auch die Untersuchung durch Cesare Lombroso, ein damals angesehener Psychiater, der versuchte, L.s Tat zu analysieren.

L. hat das Gerichtsverfahren regelrecht als Bühne genutzt, er hat geprahlt und zeigte sich reuelos. Dem Psychiater Lombroso erzählte er, dass er die Tat auch aus dem Grund begangen habe, dass er seinen Namen einmal in der Zeitung lesen wollte. Er wusste also, dass es ihn selbst berühmt machen würde, wenn er eine berühmte Person tötete. Trotzdem war Luigi L. immer noch kein glücklicher Mann. Was auch daran abzulesen ist, dass er für sich die Todesstrafe forderte. Nur gab es in der Schweiz schon damals keine Todesstrafe mehr, weswegen L. forderte, dass man ihn nach Italien ausliefern solle, weil dort die Todesstrafe noch vollzogen wurde. Dieses Vorgehen zeigt deutlich die Kombination aus dem Verlangen nach Grandiosität, also dem Wunsch, etwas Besonderes zu sein, und der Labilität in Verbindung mit einer Todessehnsucht. Das Auftreten L.s während seines Verfahrens lässt diese Kombination geradezu prototypisch in den Vordergrund treten.

Hinter all seinem Verhalten verbarg sich etwas, das man als eine labile narzisstische Dynamik beschreiben kann. L. hat stets versucht, irgendwo anzukommen, irgendwo anzudocken und jemand zu sein. Auch seine Zeit als Diener der Prinzenfamilie hat gezeigt, dass er gerne bei etwas Großem dabei sein und zu einer berühmten Person gehören wollte. Er wollte ein Teil davon sein. Außerdem diente ihm die Anstellung als eine Art sicherer Hafen und gewährte ihm vorübergehend eine gewisse Stabilität in seinem Leben.

Als diese Stabilität plötzlich wegfiel, führte das zu einer wieder aufwallenden Wut und Aggression, gleichzeitig trat seine depressive Seite in den Vordergrund, die er nun nicht mehr durch seine Grandiositätsfantasien ausgleichen konnte. Es vermischte sich also seine Wut mit dem Wunsch, berühmt zu werden, sodass er schließlich durch seine Tat eine Bedeutsamkeit seines Lebens zu erreichen versuchte. Was für ihn zugleich auch den Endpunkt seiner Existenz setzte.

Hätte L. seine Anstellung damals behalten können, wäre er vermutlich kein Attentäter geworden. Diese Annahme lässt sich auch stützen durch grob vergleichbare Taten, in deren Vorfeld ähnlich zu bewertende destabilisierende Momente innerhalb einer Biografie bekannt sind. Es handelt sich in solchen Fällen um Menschen, die sich nicht aus sich selbst heraus aufbauen können und insgesamt instabil sind und für die eine solche Gewalttat eine Möglichkeit darstellt, sich aus einer misslichen Lebenslage zu befreien.

Es lässt sich fast immer beobachten, dass die scheinbar ideologischen Motive solcher Täter verknüpft sind mit biografischen Momenten. Gerade dieser Umstand aber wird häufig übersehen. Das heißt nicht, dass jeder Terrorist eine solche Dynamik aufweist. Gerade bei denen, die nicht fest organisiert sind und die sich nicht richtig einbinden können, haben wir jedoch diesen starken Anteil von Persönlichkeitsaspekten oder Krisen, die eine wichtige Rolle spielen.

Nach seiner Verurteilung erwies sich Luigi L. als ein schwieriger und zudem gefährlicher Gefangener. Er griff immer wieder Gefängniswärter und sogar den Direktor an. Letzteren wollte er mit einem Werkzeug erstechen, mit dem er sonst beim Pantoffel-Flechten in seiner Zelle arbeitete. L.s Leben endete am 19. Oktober 1910 – er erhängte sich im Alter von 37 Jahren in der Haft mit einem Gürtel. Vermutlich war der Hintergrund seine Hoffnungslosigkeit, verbunden damit, dass auch seine Identität als Berühmtheit ein Jahrzehnt nach der Tat nichts mehr von ihrer anfänglichen Wirkung zeigte.

18

Battle of Broken Hill: Auch islamistischen Terror gab es schon vor 100 Jahren

Bereits im Jahr 1915 gab es einen Anschlag in einem sehr überraschenden Umfeld: an einem reichlich verlassenen Ort in Australien namens Broken Hill. Dieser Ort liegt selbst für australische Verhältnisse abgelegen im Outback, findet sich 852 Kilometer nördlich von Melbourne und 1150 Kilometer westlich von Sydney. In Broken Hill lebte man überwiegend vom Bergbau, und der gesellschaftliche Höhepunkt bestand da-rin, dass die ganze Bevölkerung an jedem ersten Januar gemeinsam zu einer Picknickfahrt aufbrach.

Zu diesem Zweck wurde der Bergwerkszug umfunktioniert, in dessen Waggonanhängern über das Jahr Unmengen an Gestein transportiert wurde. In die Anhänger wurden am 1. Januar statt des Abraumes Sitzbänke für die Fahrgäste hineingestellt. Von diesen Fahrgästen gab es eine ganze Menge: Nicht weniger als 1200 Kinder, Frauen und Männer fanden Platz in den insgesamt 40 Waggons.

Morgens um zehn Uhr ging die Fahrt los. Zehn Minuten nach Fahrtbeginn war der Lokführer jedoch verblüfft, als er am Rande der Strecke plötzlich einen weißen Karren entdeckte – inklusive der an die Karrenwand gepinselten Aufschrift »Lakovskis italienisches Eis. Köstlich für Kinder und Invalide«. Die Verwunderung wurde noch dadurch verstärkt, dass über dem Wagen eine osmanische Flagge gehisst war. Mit einem Mal tauchten neben dem italienischen Eiskarren zwei weiße Turbane auf, und der Lokführer hörte Schüsse.

Sein erster Gedanke war, dass es sich womöglich um einen Willkommenssalut handelte, mit dem jemand den voll besetzten Zug und gleichzeitig das gerade begonnene neue Jahr begrüßen wollte. Auch die Kinder in dem Zug begannen nun »frohes neues Jahr« zu rufen. Allerdings wussten weder Passagiere noch Lokführer zu diesem Zeitpunkt, dass das erste Geschoss die Lok nur knapp verfehlt und die zweite Kugel den sogenannten Bremswagen getroffen hatte.

Die ausgelassene Stimmung verwandelte sich schlagartig in Horror und Entsetzen, als einer 17-Jährigen der Hinterkopf weggeschossen wurde. Nun war klar, dass der Zug angegriffen wurde. In den Waggons starben weitere Menschen und es kam zu einem regelrechten Showdown. Die Täter zogen sich auf einen Hügel zurück, auf der anderen Seite wurde eilig alles zusammengezogen, was eine Waffe tragen konnte. Der lokale Schützenverein bezog Position, die Polizei kam und auch Soldaten rückten an. Bald hegte niemand Zweifel daran, dass die beiden Attentäter den Tag nicht überleben würden.

Dieser Anschlag sorgte weltweit für Aufmerksamkeit. In den Zeitungen wurde berichtet, dass zwei Ausländer Amok gelaufen seien. Das beantwortete aber nicht die Frage, was eigentlich hinter dem Anschlag steckte.

In dem Zusammenhang ist zu sagen, dass Australien vor dem Ersten Weltkrieg Handel mit Deutschland und Österreich trieb und dass gerade die australischen Minen wirtschaftlich eng mit Deutschland verbunden waren. Mit Beginn des Ersten Weltkrieges stand Australien auf der Seite der westlichen Alliierten und befand sich dadurch automatisch im Kriegszustand mit dem Deutschen Reich und dessen Verbündeten – zu denen das Osmanische Reich zählte. Der dort regierende Sultan Mehmed V. hatte nun die Idee, einen Heiligen Krieg gegen Großbritannien und dessen Verbündete als Todfeinde des Islams auszurufen. Dieser Aufruf war natürlich Unsinn, da das Osmanische Reich auch mit christlichen Nationen wie eben dem Deutschen Reich verbündet war. Wohl auch aus diesem Grund wurde der Aufruf des Sultans von der islamischen Welt weitgehend ignoriert und als eine eher absurde Sache oder groteske Verirrung des Sultans abgetan.

Allerdings wurde der Aufruf am anderen Ende des Globus von zwei verzweifelten Individuen sehr wohl wahr- und auch ernst genommen. Diese beiden Männer trugen die Namen Badsha Mahommed G. und Mullah A., beide hatten britische Pässe, kamen jedoch ursprünglich aus dem Osmanischen Reich. In Australien empfanden sie sich als Ausgeschlossene und Opfer des Rassismus der weißen Mehrheitsgesellschaft.

Badsha Mahommed G. war mit 37 Jahren der Jüngere der beiden Täter. Er war Eisverkäufer, was auch den Karren mit der eigenartigen Werbebotschaft erklärt. Mullah A. dagegen war mit 60 Jahren deutlich älter als sein Mittäter. Badsha Mahommed G. kam als hauptberuflicher Kameltreiber nach Australien, arbeitete später im Bergbau. Nachdem ihm zuvor schon die Arbeit als Kameltreiber weggebrochen war, verlor er mit dem Ausbruch des Ersten Weltkrieges zum zweiten Mal seinen Arbeitsplatz. Auch hier findet man also wieder die destabilisierenden Elemente, die vor allem bei Einzeltätern oder kleinen Gruppen zum Tragen kommen.

Interessant ist ein Bekennerschreiben, das nach der Tat gefunden wurde. Darin hatte G. behauptet, in der Türkei gewesen zu sein und auch in der Armee des Sultans gedient zu haben – was jedoch nicht der Wahrheit entsprach. So etwas nennt man heute im Bedrohungsmanagement eine

Identifizierung. Das heißt: Ein Mensch fühlt sich allein, ausgestoßen und ist wütend beziehungsweise verzweifelt – die Identifizierung mit einer Bewegung ermöglicht es ihm, sich groß und mächtig zu fühlen. So etwas lässt sich in Zusammenhang mit Terrorismus immer wieder feststellen. Bei dem Sisi-Attentäter war es die anarchistische Bewegung, bei G. war es die religiös-politische Motivation in Kombination mit dem Aufruf zum Dschihad.

Badsha Mahommed G.s Mittäter Mullah A. wiederum war ein eher griesgrämiger, humpelnder Mann. Aber es ist nicht ungewöhnlich, dass sich für derlei Unterfangen sehr unterschiedliche Charaktere zusammenfinden.

Durch seine dunkle Hautfarbe und die auffällig andere Kleidung wurde Mullah A. von Kindern verlacht und mit Steinen beworfen. Er ging daraufhin zur Polizei und beschwerte sich. Allerdings fühlte er sich von dieser im Stich gelassen, da sie ihm, seinem Empfinden zufolge, nicht helfen wollte. Er vertiefte sich daraufhin in seinen Glauben und die Gebete, außerdem fand er eine Art neue Identität, indem er vor Ort zu einem religiösen Oberhaupt aufstieg, zu einem Imam – was in erster Linie daran lag, dass niemand anderes diese Rolle übernehmen wollte. Zudem war A. als Metzger tätig, schlachtete die Tiere nach der traditionellen Halāl-Methode, was kurz vor dem Anschlag allerdings zu einem Konflikt mit dem zuständigen Gesundheitsinspektor, einem Mr Brosnan, geführt hatte. Er verbot A. diese Art des Schlachtens, was wiederum zu einem Protest der religiösen Gemeinde vor Ort führte. Weil A. sich nicht an das Verbot hielt, erhob Mr Brosnan schließlich Klage gegen ihn. A. wurde daraufhin zu einer Geldstrafe verurteilt, die er jedoch nicht zahlen konnte – was eine Gefängnisstrafe zur Folge gehabt hätte.

Als wäre all dies nicht genug, kam es zu einem weiteren Konflikt mit Brosnan, weil die geschlachteten Tiere keine Brandzeichen gehabt hätten. Mullah A. verfiel vor dem Hintergrund all dieser Probleme in Apathie. Genau in dieser Situation kam Badsha Mahommed G. ins Spiel, der ihn an den Aufruf des Sultans zum Heiligen Krieg erinnerte: Es sei schließlich besser, glorreich zu sterben und ins Paradies zu kommen, als im Hier und Jetzt elend vor die Hunde zu gehen. Das war das kulturelle Angebot beziehungsweise die Ideologie, die mit dieser Mischung aus »Ich bin dann jemand«, »Ich lasse mir nicht alles gefallen« und dazu einem Jenseitsversprechen durchaus eine gehörige Attraktivität entfaltete.

In seinem Abschieds- oder Bekennerschreiben erklärte Mullah A.: »An einem Tag erhob der Inspektor Anklage gegen mich, am nächsten bettelte und flehte ich ihn an. Er wollte nicht auf mich hören. Wütend grübelte ich vor mich hin, da kam G. Mahommed zu mir und wir vertrauten uns gegenseitig unseren Kummer an. Ich war von seinen Plänen gleich begeistert, ließ mich freudig darauf ein und bat Gott, er möge mich eines leichten Todes für meinen Glauben sterben lassen.«

In diesem Schreiben ist sehr deutlich formuliert, wie die Faktoren bei ihm zusammenliefen.

G. und A. haben sich genau auf die Tat vorbereitet, haben ihr Vorgehen geplant und sich Waffen gekauft. Alles mit dem Ziel, mit einer Zwei-Mann-Armee einen großen Anschlag zu verüben und dabei dem Aufruf zum Heiligen Krieg zu folgen.

Auch hier zeigt sich wieder die Verbindung zwischen dem radikalen Gedankensystem auf der einen und dem persönlichen Missstand oder der persönlichen Krise auf der anderen Seite. Persönliches Leid wird als Rechtfertigung für eine Gewalttat herangezogen. Der ursprüngliche Plan bestand darin, den Zug entgleisen zu lassen, indem sie den Lokführer erschossen, und danach, so hatte es sich Mullah A. vorgenommen, wollte er sogleich den Inspektor erschießen, der ihm das Leben derart schwer gemacht hatte.

Die heutigen islamistischen Täter sind zwar häufig jünger, aber die Muster wie Ausgeschlossenheit, Ideologie und immer wieder auch die persönlichen Krisen sind weiterhin sehr ähnlich. Dergleichen hat sich auch bei den bereits erwähnten libanesischen Kofferbombern abgespielt.

Der eine war stark ideologisiert und brachte den anderen auf die Idee, die Tat mit ihm gemeinsam zu begehen. Die Mohammed-Karikaturen wurden als Rechtfertigung der Tat herangezogen: Im Grunde werde man geradezu gezwungen, die muslimische Gemeinde zu rächen – wann, wenn nicht jetzt?

In der Vorfeldentwicklung sind sich derartige Taten erstaunlich ähnlich und weisen zu allen Zeiten ein sich gleichendes Muster auf.

19

Austauschbare Hintergründe: Von Dutschke bis heute

Neben dem anarchistisch motivierten Anschlag auf Kaiserin Sisi und dem islamistisch begründeten Attentat von Broken Hill bietet die Historie aber auch Beispiele für rechtsradikale Taten, deren Auslöser sich auf die heutige Zeit übertragen lassen. Auch hier wird deutlich, dass die radikalen Hintergründe zum Teil austauschbar sind.

In diesem Fall geht es um das Attentat auf den Studentenführer Rudi Dutschke, das in Deutschland zu vielen Krawallen und Auseinandersetzungen führte. Ein Hintergrund dieser Tat war, dass es seinerzeit vonseiten der Springerpresse eine deutliche Feindseligkeit gegenüber der Studentenbewegung gab, was die gesamte Rahmensituation stark aufheizte. Das ist ebenfalls ein Punkt, der sich immer wieder beobachten lässt: Eine Ideologie, die attraktiv erscheint, die sozusagen in der Luft hängt, wird eher aufgegriffen. Jeder Anschlag, über den berichtet wird und in dem eine Ideologie mächtig erscheint, weil sie etwa, wie bei den aktuellen islamistischen Attentaten, auch Angst verbreitet, zieht in der Folge nun einmal auch die desorientierten, verzweifelten und wütenden Männer an. Weil sie in einem solchen Anschlag einen Weg sehen, um eine Identität zu finden.

Der Dutschke-Attentäter Josef B. ist ein Beispiel für jene Täter, die auch vorher schon durch aggressives Verhalten oder Straftaten auffällig geworden sind. Der 23-Jährige hatte sich an seiner Arbeitsstelle in München mit den Worten verabschiedet: »Ihr werdet noch von mir hören – im Fernsehen, im Rundfunk, in der Presse.« Seine Kollegen wussten nicht, was sie von dieser Bemerkung halten sollten. Doch B. hatte sich bereits eine Pistole und ein Päckchen mit Schlafmitteln besorgt und fuhr mit dem Nachtzug von München nach Berlin. Dort verließ er den Zug und erkundigte sich noch am Bahnhof bei Taxifahrern, wie er denn den Studentenführer Rudi Dutschke finden könne.

Das Zentrum der Studentenbewegung am Kurfürstendamm war in diesen Tagen allseits bekannt, und ihm wurde gesagt, dass er Dutschke am ehesten in den Räumen besagter Studentenbewegung finden werde. Also fuhr B. dorthin und erkundigte sich vor Ort erneut nach Dutschke. Man sagte ihm, dass der zwar gerade nicht da sei, aber bald zurückkehren werde. Josef B. wartete also auf der gegenüberliegenden Straßenseite. Als Dutschke kam, sprach B. ihn an und fragte, ob er denn Rudi Dutschke sei. Dutschke bejahte, B. eröffnete das Feuer – er schoss mehrmals auf den Studentenführer und verletzte ihn schwer. Zwar überlebte Rudi Dutschke das Attentat, er starb jedoch rund elf Jahre danach an den Spätfolgen, da er unter anderem schwere Hirnverletzungen davongetragen hatte.

Josef B. beschimpfte Dutschke während des Attentats zudem noch als Kommunistenschwein, danach floh er in den Keller eines Rohbaus. Die anwesenden Polizeibeamten berichteten später, dass sie sehr irritiert gewesen seien, da der Täter Josef B. komplett seine Deckung verließ und wild um sich schoss. Weder duckte er sich noch versuchte er, sich zu verstecken. B. wurde schließlich niedergeschossen und schnell stellte sich heraus, warum B. sich so seltsam verhalten hatte. B. hatte eine Überdosis Schlaftabletten genommen. Er hatte also vorgehabt, mit der Gewalttat und dem anschließenden Suizid durch die Überdosis an Schlafmitteln seinem Leben ein Ende zu setzen.

Bei der späteren Vernehmung durch die Polizei gab er an, dass ihm die Idee zu seiner Tat durch das Attentat auf den schwarzen amerikanischen Bürgerrechtler Martin Luther King gekommen sei. Der war am 4. April 1968 von dem mehrfach vorbestraften Rassisten James Earl Ray erschossen worden. B. gab an, dass er nach dem Mord an Martin Luther King gedacht habe, so etwas müsse er ebenfalls machen. Er wollte der Öffentlichkeit zeigen und beweisen, dass ein solcher Anschlag auch in Deutschland möglich ist.

Nach dem Anschlag zeigte B. keinerlei Reue. Er äußerte vielmehr sein Bedauern darüber, dass Dutschke die Schüsse überlebt hatte. Hätte er eine Maschinenpistole gehabt, sagte B., dann hätte er den Studentenführer mit den Projektilen regelrecht zersägt. Das verweist wiederum auf eine Ähnlichkeit mit dem Sisi-Attentäter Luigi L., der sich ebenfalls nicht von seiner Tat distanzierte, sondern im Gegenteil viel aus der Idee zog, mit der Tötung einer bekannten Person berühmt zu werden. Wie L. blickte B. auf ein trauriges Leben zurück. So sagte Josef B. einmal, dass es in seinem Leben keinen Moment gegeben habe, in dem er richtig glücklich gewesen sei. Er habe außerdem immer das Gefühl gehabt, aus ihm könne nichts werden.

Tatsächlich hätte B. von seinen Fähigkeiten her mehr aus seinem Leben machen können, nur hat er es nie geschafft, irgendwo anzukommen und zu bleiben. Er hatte vielmehr immer mit einer gewissen Unstetigkeit zu kämpfen.

Josef B. hat eine entsprechende Vorgeschichte. Er saß in Frankreich im Gefängnis, was sein Gefühl der Unzulänglichkeit noch verstärkt hat. Er war mit sich selbst nicht zufrieden, sagte sich zudem, dass er in seinem Leben noch nichts geleistet habe. Sein Plan war es daher, noch ein richtig großes Ding zu machen, bevor er starb. So wollte er der Welt endlich zeigen, dass er doch jemand ist. Die Medien wiederum sollten das Vehikel für diese eigene Botschaft darstellen und ihn berühmt machen. Dadurch entstand auch ein gewisser Handlungsdruck – er hatte bisher nichts geleistet, und nun bot sich ihm eine Chance in Form der Person Rudi Dutschke, also musste er handeln, musste es tun.

Der ideologische Unterbau gründete bei B. nicht auf Anarchismus oder Islamismus, sondern auf der politisch rechtsextremen Szene. B. spürte den Druck, irgendwann handeln zu müssen, wenn er sich tatsächlich mit dieser rechtsradikalen Ideologie identifizieren wolle. Der reine Glaube an die Ideologie reichte irgendwann nicht mehr, die Gewalttat stellte gewissermaßen den Initiationsritus dar – auch damit er sich selbst sagen konnte, er sei nun ein Kämpfer für den Glauben an die Ideologie.

Kommen noch eine Mischung aus Depressivität, Suizidalität und allgemeiner Krise hinzu und besteht zudem die Möglichkeit, durch einen solchen Anschlag eine Person des öffentlichen Interesses zu werden, dann ist das für manche Persönlichkeiten ein verlockendes Angebot. Das war bei Sisi-Attentäter Luigi L. so und auch bei dem jungen Arid U., der am Frankfurter Flughafen US-Soldaten erschoss.

In dem Zusammenhang muss sich unsere Gesellschaft wie auch die Medien eine Frage ehrlich und gewissenhaft beantworten: ob wir nicht durch unsere Berichterstattung und deren Rezeption derartige Gewalttaten geradezu sexy machen und deren Attraktivität erhöhen.

Im Fall Josef B. ist ein weiterer Umstand interessant: B. empfand nämlich Rudi Dutschke ebenfalls als jemand Besonderen, als eine Persönlichkeit. B. sagte sich, dass er eine bedeutende Person umbringen müsse, die etwas darstellt. Als alternatives Ziel hatte B. übrigens Walter Ulbricht auserkoren, der seinerzeit an der Spitze des Politbüros der Sozialistischen Einheitspartei Deutschlands (SED) in der damaligen Deutschen Demokratischen Republik stand. Josef B. selbst stammte aus der DDR, seine Familie war später geflohen.

Das Motiv des Josef B. war sicher auch politischer Natur. Erst vor relativ kurzer Zeit und damit Jahrzehnte nach dem eigentlichen Attentat hat sich herausgestellt, dass B. Kontakte zur rechtsextremistischen Szene pflegte. Hinzu kam, dass B. Adolf Hitler verehrte, weil die Deutschen unter dessen Führung noch nationalbewusst gewesen seien – was sich die Studenten in den Sechzigerjahren erlaubten, das hätte es seiner Überzeugung nach zur Zeit des Dritten Reiches nicht gegeben. Das Attentat auf Dutschke sei daher auch eine Art Warnsignal gewesen, und genau aus diesem Grund wollte B. es auch politisch verstanden wissen.

Der Psychiater, der B. begutachtete, stellte fest, dass es auch bei diesem Attentäter eine narzisstische Dynamik gab: »Er träumte davon, ein großer Mann zu sein, er träumte davon, schöne Frauen zu haben, Geld zu haben, er träumte davon, ein schönes Leben zu führen.«

Auf der anderen Seite galt für die Tat des Josef B. wie bei vielen anderen Attentätern: Am Ende steht der Tod. Damit verbunden war auch bei B. die Idee, was denn nach seinem Tod geschehen würde. Wie würden die Medien über ihn berichten? Derlei Gedanken kennt man auch aus der Suizidforschung als Beerdigungsszenario. Dass etwa Jugendliche, die sich umbringen wollen, im Grunde gar nicht damit rechnen, dass danach wirklich alles vorbei ist. Sie werten den Suizid eher als eine Art symbolischen Akt, aber am Ende des Tages würde dann die Familie am Grab stehen, und der Jugendliche würde das auch noch irgendwie mitbekommen – was eine Genugtuung darstellt. Man benötigt also im Grunde keinen Jenseitsglauben, wie wir ihn mit islamistischen Attentätern in Verbindung bringen. Unsterblichkeit kann auch ganz anders fantasiert werden.

Bei Josef B. stellt sich außerdem die Frage, warum er eigentlich einen derartigen Hass auf die DDR hatte und daher auch Walter Ulbricht als Ziel seiner Tat in Betracht zog. B.s leiblicher Vater hat den Sohn kaum beachtet, es gab im Grunde keine elterliche Beziehung. B. war außerdem immer wieder krank und verbrachte insgesamt zwei Jahre in Krankenhäusern – unter anderem war er im Alter von vier Jahren mit einer offenen Lungentuberkulose eingeliefert worden. All das war natürlich seiner schulischen Entwicklung nicht gerade förderlich gewesen, sodass B. immer ein schlechter Schüler war.

Während aber sein leiblicher Vater die Vaterrolle nicht wahrnahm, galt für seinen Onkel das Gegenteil. Der nämlich wurde bald zu einem Ersatzvater für den jungen Josef B., zu einer sehr wichtigen und stabilisierenden Figur. Auch das ist einmal mehr eine große Ähnlichkeit mit dem Fall des Sisi-Attentäters Luigi L. Dieser Onkel jedoch landete wegen negativer politischer Äußerungen in der DDR in einem Zuchthaus. Daraufhin verließ die Familie 1956 den sozialistischen Osten Deutschlands und zog zu einer Tante in das Ruhrgebiet. Dort fand sich Josef B. weit weg von seinem Onkel und damit der eigentlichen Vaterfigur wieder gegenüber. Genau aus dieser Erfahrung speiste sich bald der Hass auf die DDR und auch die tiefe innere Wut.

B. besuchte eine Sonderschule, die er jedoch abbrechen musste, später begann er eine Berufsausbildung, an der er jedoch ebenfalls scheiterte. Bald verdiente B. sein Geld als Hilfsarbeiter, wechselte außerdem häufig die Arbeitgeber. Im Jahr 1961 wurde er wegen eines geringfügigen Diebstahls zu vier Wochen Jugendarrest verurteilt, weil er eine Gaspistole manipuliert und so als herkömmliche Waffe hatte nutzen können. Damals begann Josef B. mit Schießübungen und beschäftigte sich immer stärker mit Waffen, die ihn regelrecht faszinierten. Auch das ist ein Phänomen, das man bei etlichen Attentätern feststellen kann.

Und noch etwas ist erwähnenswert: Obwohl B. in einer Phase seines Lebens recht gut verdiente, raubte er zur gleichen Zeit mit einem Freund Tankstellen aus. Dazu befragt, gab er später an, dass es bei diesen Raubüberfällen vor allem darum gegangen war, Abenteuerlust zu befriedigen. Eine Facette seiner Persönlichkeit liebte also schlicht den Nervenkitzel. B. wurde wegen dieser Überfälle verurteilt, dieses Mal zu neun Monaten Jugendstrafe.

1966 wurde B. erneut auffällig. Er hielt sich in Frankreich auf, beging mit einem Komplizen mehrere Diebstähle und kam auch wegen

Widerstand gegen die Staatsgewalt für ein Jahr in das Gefängnis. Denn als er festgenommen wurde, nahm er plötzlich seine Waffe von einem Tisch und zielte damit auf einen Polizisten. Bedenkt man B.s Verhalten nach seinem Attentat auf Dutschke, als er vor den bewaffneten Polizisten seine Deckung verließ und damit im Grunde versuchte, sich von den Polizisten erschießen zu lassen, ist die Situation in der französischen Polizeistation nahezu als eine Art Vorbote dieser späteren Szenerie zu werten.

Tags darauf unternahm B. einen Fluchtversuch, der jedoch scheiterte. Diesen Versuch kommentierte er anschließend damit, sein eigentliches Vorhaben habe im Grunde darin bestanden, dass ihn die Polizei auf seiner Flucht erschieße. Was erneut an Fälle wie den von Arid U. erinnert. Auch der beging seine Tat mit dem Gedanken, dass man ihn gewiss erschießen werde, wenn er am Flughafen Soldaten angriff.

Man kennt dergleichen von depressiven Menschen, aber auch von solchen, die sich den eigenhändigen Suizid nicht zutrauen – manchmal ist das wie bei islamistischen Attentätern mit Jenseitsfantasien verbunden. Ebenfalls immer wieder kommt die Fantasie, im Kampf zu sterben, vor, insbesondere im Kampf gegen das System. Ein solches Ende hat eine gewisse Grandiosität und ist zudem mit dem Bonnie-und-Clyde-Mythos – der romantischen Verklärung eines schnellen, adrenalinlastigen, rücksichtslosen Gangsterlebens – verwoben.

Josef B. verachtete sein Leben, und er sprach auch in seinem persönlichen Umfeld darüber, dass es ihm egal sei, ob er erschossen werde. Dazu passt die Schilderung seines riskanten Verhaltens auf einer Fahrt mit einem Freund an die damalige Zonengrenze, die schwer bewacht West- und Ostdeutschland voneinander abgrenzte. Dort angekommen, schoss B. auf die bemannten Grenzposten. Er konnte nicht erkennen, ob sich tatsächlich Personen in diesen Posten aufhielten, schoss aber seinen Revolver leer. Sein Freund hat noch versucht, ihn von der gefährlichen Aktion abzuhalten, allerdings reagierte B. darauf gar nicht.

Gleichzeitig gab es bei B. eine rechtsradikale Motivation, die ganz klar in seinen biografischen Erfahrungen festzumachen ist. Die Unstetigkeit und das rastlose Umherziehen setzten sich in B.s Leben fort und führten zu der Idee, zur Fremdenlegion zu gehen. Auch hier zeigte sich seine Kriegermentalität. Allerdings schaffte B. es nicht zur Fremdenlegion, er hielt nicht durch und brach dort die Ausbildung nach nur neun Tagen ab. Als er dann aber doch wieder zurückkehren wollte, wurde ihm mitgeteilt, dass man jemanden, der sich derart unreif verhielt, bei der Fremdenlegion nicht gebrauchen könne.

Auch hier offenbart sich erneut dieses Muster: Die Faszination von Waffen, die Faszination von Krieg und dazu die Kriegermentalität, das misslingende Ankommen, das Gefühl, es nicht zu schaffen, und dazu persönliche Erfahrungen, die mit Ideologien verknüpft werden. Egal also ob anarchistisch, islamistisch oder rechtsradikal – die Ideologie ist bei dieser Form von Tätern letztlich austauschbar. Denn wir sprechen ja nicht von gut strukturierten Gruppen wie beispielsweise dem sogenannten Islamischen Staat oder Jahrzehnte zuvor der Roten Armee Fraktion, sondern von Einzeltätern oder kleinen und eher lockeren Gruppen, die agieren, ohne Teil einer festen Organisation zu sein. Dort haben wir immer auch diese Krisen sowie eine enge Verknüpfung der eigenen Biografie mit der Motivation zu einer entsprechenden Tat.

Deshalb funktioniert auch das *Lone-Wolf*-Phänomen, das durchaus auch von einer festen Gruppe angestoßen sein kann. Denn diese Gruppen wissen: Wenn sie ihre Ideologie in einer bestimmten Weise in der Welt verbreiten, wird es immer Individuen geben, die sich quasi selbst rekrutieren. Und die sich dann dieser Gemeinschaft zugehörig fühlen.

Kehren wir noch einmal zurück zu Josef B. und seinem Wunsch, sich der Fremdenlegion anzuschließen, so finden sich auch darin Parallelen zu dem, was Jugendliche heute etwa nach Syrien und zum sogenannten Islamischen Staat zieht. Bei der Fremdenlegion war es seinerzeit im Grunde egal, welches Leben man zuvor geführt hatte, auch Vorstrafen waren kein Thema. Man konnte bei der Fremdenlegion noch einmal ganz von vorne beginnen. Genau diesen Aspekt nennen besagte Jugendliche auch heute, wenn sie gefragt werden, warum sie denn nach Syrien ausgewandert sind und warum sie sich dort dem sogenannten Islamischen Staat anschließen wollten. Dort, so sagen sie, sei es einfach egal, welche Nationalität oder was für einen Hintergrund der Einzelne habe, dort kämpfe man für die eine Sache und alle seien quasi eins und gleich. Darin liegen die Parallelen zwischen dem Weg eines Josef B. zur Fremdenlegion und dem Weg, den Dschihad-Reisende heute wählen. Diese Parallelen lassen sich am einfachsten so zusammenfassen: Egal, wer du warst, egal, wer du bist, bei uns kannst du zu einem Helden werden.

Im Prinzip lässt sich sogar die Situation des Ersten Weltkrieges mit diesem Phänomen vergleichen. Denn auch damals zogen junge Männer los, zogen hinaus in die Welt und hatten zunächst das Gefühl, dass das alles ein großer Abenteuerspaß werden könnte. Doch auch damals kamen sie in der Realität an, in der Realität der Schützengräben, in denen den Soldaten die Kugeln um die Ohren pfiffen. Auch aus Syrien und dem Irak kehren viele völlig desillusioniert zurück. Und einige versuchen, möglichst schnell erneut abzuhauen, weil sie weiterhin die Fantasie treibt, die mit der Realität nicht in Einklang zu bringen ist.

VIII

Das Phänomen der Nachahmungstaten

20

Vom Niemand zum bösen Helden: Charlie Hebdo und die Hintergründe

Nach der ersten Attentatserie rund um den Anschlag auf die Redaktionsräume des Satiremagazins *Charlie Hebdo* kam es zu einer regelrechten internationalen Solidarisierungswelle der Regierungschefs von Merkel bis Netanjahu. Es schien, als wäre die Welt enger zusammengerückt, in Trauer und friedlicher Absicht vereint.

Betrachtet man aber Bilder aus jener Zeit, stößt man schnell auch auf Motive, die eine ganz andere Botschaft transportieren. Es sind Bilder von bewaffneten Spezialkräften, die etwa vor dem Pariser Eiffelturm Position bezogen haben – die also eines der bekanntesten Wahrzeichen Frankreichs schützen müssen. Es war den insgesamt drei Attentätern also gelungen, dass die Grande Nation sich gezwungen sah, notfalls an exponiertem Ort Waffengewalt einzusetzen. Solche Bilder von aufmarschierenden Spezialkräften sind zudem geeignet, Fantasien der Grandiosität zu stimulieren. Gerade bei jungen Männern wie diesen Tätern. Denn es waren junge Männer, die wütend waren, die gescheitert waren und die immer wieder auffällig wurden, die zudem keinerlei Erfolgserlebnisse hatten und die sich schließlich radikalisierten oder sich radikalisieren haben lassen.

Die Taten und ihr Nachspiel haben gezeigt, dass auch solche Männer sich durch das Töten anderer unsterblich machen können. Denn darüber, was diese Männer taten, berichteten bald Medien in der ganzen Welt, und auch viele der schon angesprochenen Regierungschefs reisten in die Stadt, in der die Taten verübt worden waren, um ihre Solidarität zu zeigen.

Außerdem sind diese Anschläge von Paris ein Beleg dafür, dass es bei dem Thema Terrorismus oder Terroristen mitunter gar nicht zentral um Ideologien gehen muss. Vielmehr kam hier der Faktor des Jenseitsversprechens zum Tragen, der den meisten Westeuropäern etwas naiv vorkommt.

Es handelte sich bei den Männern von Paris um Personen, für die sich zuvor kaum jemand zu interessieren schien. Dann aber gingen die Bilder um die Welt, die genau diese Männer zeigten, wie sie vor den Räumen von *Charlie Hebdo* auf offener Straße einen Polizisten mit ihren Waffen regelrecht hinrichteten, wie sie schießend durch die Stadt zogen. Die Nobodys waren plötzlich Stars. Zwar keine Stars, die die ganze Welt bewunderte, sondern dunkle, negative Helden, vor denen ganze Nationen Angst hatten. Aber sie wurden innerhalb der islamistischen Szene durchaus glorifiziert. Für die Täter ist hier ein Angebot an Aufmerksamkeit verfügbar, das sich durch die vielfältigen medialen Plattformen des Internets noch einmal zusätzlich verstärkt hat. Hinzu kommt die Art und Weise, wie die Medien mit solchen Attentätern umgehen: Sie nennen sie mit vollem Namen, sie zeigen ihre unverpixelten Gesichter – sie machen diese Menschen schlicht berühmt. Die neue Art des viel beachteten Daseins als dunkler Krieger gelingt auf diese Weise immer besser und auch immer schneller, was den potenziellen Nachahmern natürlich nicht entgeht. Denn dass ein Anders B. schon vor seinen Taten ein komplettes Medienpaket zusammenstellt, kommt natürlich nicht von ungefähr, sondern ist vor allem vor dem Hintergrund zu werten, dass auch B. sehr genau wusste, dass seine Anschläge ihn von einem Moment zum anderen zu einem der bekanntesten Menschen auf diesem Planeten machen würden. Auch extremistische Organisationen sind sich dieser Dynamiken bewusst und versuchen, den Nachahmungseffekt gezielt für sich zu nutzen.

Wir sollten uns in Erinnerung rufen, was einen Monat nach den Anschlägen von Paris in Kopenhagen geschehen ist. Dort griff ein junger Mann gezielt eine Veranstaltung an, bei der es analog zu *Charlie Hebdo* um Satire sowie zudem um Kunst um Allgemeinen, um Blasphemie und auch um Meinungsfreiheit ging. Der Täter eröffnete von außen mit einer automatischen Waffe das Feuer und schoss durch die Fassadenfenster des Kulturzentrums. Drinnen erwiderten Sicherheitsleute und Polizisten das Feuer. Am Ende starb bei dem Angriff der dänische Dokumentarfilmer Finn Nørgaard und drei Polizeibeamte wurden verletzt. Unverletzt blieben dagegen der ebenfalls anwesende schwedische Karikaturist Lars Vilks sowie der französische Botschafter, der an der Veranstaltung teilnahm. Der Täter floh zunächst mit einem gestohlenen Auto, setzte die Flucht dann mit einem Taxi fort und konnte vorerst unerkannt entkommen.

In der folgenden Nacht kam es zu einem zweiten Anschlag, wieder ausgeführt von demselben Täter: Vor einer jüdischen Synagoge wurde der jüdische Wachmann Dan Uzan erschossen, zwei in seiner Nähe stehende Polizisten wurden verletzt.

Der mutmaßliche Täter wurde am frühen Morgen des folgenden Tages gestellt. Wieder kam es zu einem Schusswechsel: Der Verdächtige eröffnete das Feuer auf die Polizisten und wurde daraufhin selbst erschossen.

Bei der Suche nach den Hintergründen der Tat stellte sich recht schnell heraus, dass der verstorbene Attentäter erst kurz vor den Taten aus dem Gefängnis entlassen worden war. Der 22-jährige in Dänemark geborene Omar A. soll bereits früher mehrfach durch kriminelle Aktivitäten aufgefallen sein. Dazu zählten Gewalttaten ebenso wie Verstöße gegen das Waffenrecht, außerdem soll A. in Bandenkriminalität verwickelt gewesen sein.

Bald meldete sich zudem ein dänischer Journalist zu Wort, der Omar A. Jahre zuvor bereits in einem Jugendgefängnis interviewt hatte. Dieser Journalist erinnerte sich, dass er den Attentäter schon damals für einen äußerst gefährlichen Menschen gehalten hatte.

Bemerkenswert ist aber außerdem, dass sich die Taten von Paris und Kopenhagen grob auch in ihrem Ablauf beziehungsweise der Zielwahl ähneln: Bei der Veranstaltung in Kopenhagen ging es wie beim Pariser Magazin *Charlie Hebdo* um Satire, und während es in Paris zeitnah zu einer Geiselnahme in einem jüdischen Supermarkt kam, wurde auch in Kopenhagen ein jüdisches Ziel angegriffen. Man kann also von einem Nachahmungseffekt ausgehen, der auch damit zusammenhängt, dass die Taten, die Täter und auch deren Ziele durch die Medien gingen und damit zu großer Bekanntheit beziehungsweise sogar Berühmtheit gelangten. So ist es nicht allzu überraschend, wenn sich nach solchen Anschlägen herausstellt, dass die Attentäter zuvor gar nicht lange durch ihre Gläubigkeit oder ihre Radikalität aufgefallen sind. Denn neben dem Glauben spielt eben auch die erhoffte Berühmtheit eine Rolle bei den Tatmotiven.

Dieser Nachahmungseffekt lässt sich inzwischen in zahlreichen Fällen beobachten. Es gibt etwa eine Studie, für die Amokläufe analysiert wurden, bei denen zusammen mehr als 100 Menschen starben. Dabei zeigte sich, dass es einen zeitlichen Zusammenhang gibt: Kommt es irgendwo zu einem Amoklauf, wird dadurch die Wahrscheinlichkeit erhöht, dass etwas Vergleichbares zeitnah an einem anderen Ort ebenfalls geschehen konnte. Ebenfalls deutlich wurde in der Studie das Prinzip des kulturellen Skripts, wobei eine durchgeführte Tat anderen hierfür anfälligen Personen, die vielleicht schon über einen solchen Gewaltakt nachgedacht haben, zum Vorbild dient und ihnen auch ein Handlungsmuster an die Hand gibt, an dem sie selbst sich orientieren können.

Treffend zusammengefasst hat dies in Bezug auf erwachsene Amoktäter der Psychiater Paul Mullen, der sich gründlich mit diesem Thema beschäftigt hat: »Es finden sich verzweifelte und wütende junge Männer, die einen Tod willkommen heißen, der ihnen Ruhm einbringt und eine Aura von Macht und Dämonie. Der es ihnen ermöglicht, es einer gefühlskalten Welt heimzuzahlen, die sie zurückgewiesen hat.« Diese Beschreibung von Amokläufern lässt sich nahezu direkt auf islamistische Täter übertragen.

Am besten belegt ist all das beim Thema Schulamok. Dort existiert durch die Tat an der Columbine High School im Jahr 1999 ebenfalls ein kulturelles Skript. Die Täter hatten vor ihrem Amoklauf ein Tagebuch verfasst und dabei zudem eine regelrechte Ideologie kreiert. Ein Teil des Planes bestand damals darin, selbst zu sterben. Zudem ging es bei den Tätern bereits damals darum, dass die Medien über die Tat berichten werden. Die beiden Amokläufer haben daher nicht nur ein umfangreiches Tagebuch verfasst, sie haben sich während ihrer Vorbereitungszeit immer wieder auch gegenseitig gefilmt und interviewt.

Dabei formulierten sie, dass ihre Tat nur der Beginn sein würde – der Auftakt zu einer sogenannten Revolution der Ausgestoßenen. Denn das Massaker von Columbine motivierte schon bald zahllose andere Jugendliche zu ähnlichen Taten. Tatsächlich sollte sich herausstellen, dass sich bei 60 Prozent der Amokläufe an Schulen nach Columbine die Täter entweder direkt auf die beiden Amokläufer Eric H. und Dylan K. bezogen hatten oder auf deren Aussagen zur Revolution der Ausgestoßenen.

Die Täter von Columbine erlangten nach dem Massaker und ihrem eigenen Tod nicht nur in den USA einen Status als Ikonen einer düsteren Gegenkultur. Im Internet existieren zahlreiche Fan-Communitys, in denen sich vor allem junge Menschen über die beiden Täter austauschen. Durch die veröffentlichten Tagebücher der beiden Amokläufer von Columbine hatten auch einige andere junge Menschen das Gefühl, sie könnten die Motivation der beiden verstehen oder nachvollziehen. Hierbei wurden die *school shooter* auch als Opfer inszeniert. Einige Jugendliche, die die Tagebücher der Columbine-Täter lasen, sagten sich, dass die beiden eigentlich immer nur zur Gemeinschaft hatten dazugehören wollen, die »anderen« aber, das soziale Umfeld in der Schule, ihnen genau diese Chance nicht gewährt hätten. Trotzdem hätten sie schließlich doch noch einen Weg gefunden, durch die Amoktat etwas sehr Großes aus ihrem Leben zu machen – sodass niemand sie je wieder vergessen würde.

Ein Problem an dieser Glorifizierung besteht darin, dass Menschen sich häufig umso stärker mit anderen Personen identifizieren, je intensiver sie sich mit ihnen beschäftigen – am Ende sind sie manchmal davon überzeugt, dass deren Weg auch der ihre sein könnte.

So gibt es einige junge Menschen, die erklären, was sie fühlten, als sie erstmals das Tagebuch von Eric H. gelesen hatten. So berichtet ein Jugendlicher, wie sehr ihn die Worte verblüfft hätten. Es sei so gewesen, als sei all seine Verachtung, die er selbst nicht auszudrücken vermochte, von ebenjenem Eric in Worte gefasst worden. Es sei schlicht verblüffend gewesen, dass ein Fremder all das sagte, was er selber dachte, aber eben bislang nicht in Worte fassen konnte.

Genau in diesem Gefühl der Nähe liegt der Anknüpfungspunkt, um sich weiter mit einer Person beziehungsweise einem Täter zu beschäftigen. Man denkt sich in den anderen Menschen hinein, projiziert auf diesen die eigenen Gefühle, für die es im eigenen Leben sonst kein Ventil zu geben scheint.

Das lässt sich durch bestimmte psychologische Mechanismen erklären, etwa dem der Identifizierung mit einem anderen Menschen und sogar mit einem Gewalttäter.

Gibt es dann zusätzlich noch Dokumente wie die Tagebücher oder auch das Manifest des Anders B., ist es noch leichter möglich, eine innere Nähe zu imaginieren. Es können Gedanken aufkommen wie: Wenn wir uns wirklich einmal kennengelernt hätten, wären wir sicher enge Freunde geworden, da wir den gleichen Blick auf das Leben hatten.

Dieses Prinzip kennen inzwischen auch Terrororganisationen wie der sogenannte Islamische Staat oder Al-Qaida. Beide setzen darauf, dass in ihren professionell aufgemachten Onlinemagazinen die Biografien von Attentätern beziehungsweise Märtyrern veröffentlicht werden, die natürlich in ein möglichst gutes und im Sinne der Zielgruppe verfasstes textliches Licht gerückt werden. Die Täter werden damit aktiv für die Community aufgebaut, damit sich andere Jugendliche mit ihnen identifizieren können und möglichst ihrem Beispiel folgen.

21

Bomben basteln für Laien: Wie Medien den Nachahmungseffekt verstärken

Der Nachahmungseffekt wurde insbesondere vom sogenannten Islamischen Staat sehr gezielt stimuliert. Da gab es etwa den bereits aufgeführten, berühmt gewordenen Aufruf, der im Jahr 2014 vom Chefsprecher des IS online gestellt wurde: »Wenn du einen ungläubigen Europäer oder Amerikaner töten kannst, einen aus den Staaten, die eine Koalition gegen den sogenannten Islamischen Staat gebildet haben, besonders die schmutzigen Franzosen, Kanadier oder Australier, dann bring ihn um, egal wie. Zertrümmere seinen Schädel mit einem Stein, schlachte ihn mit einem Messer ab, überfahre ihn mit einem Auto.«

Tatsächlich geschah etwas, das überraschte und zunächst gar nicht in Zusammenhang mit diesem Aufruf des IS gebracht wurde. Es kam zu einer Reihe von Anschlägen in Kanada, Saudi-Arabien, in den USA und schließlich auch in Deutschland, die durch Einzeltäter begangen wurden. Diese Anschläge fanden etwa in Einkaufszentren statt, bei denen

Besucher mit Messern niedergestochen wurden. Zunächst rätselte man über den Hintergrund dieser Gewalttaten. Es dauerte einige Zeit, bis man begann zu verstehen, was wirklich dahintersteckte: Es handelte sich tatsächlich um ein Echo auf den Aufruf des IS. In verschiedenen Regionen waren nun radikalisierte Einzeltäter aktiv geworden und wandten sich mit ihren Taten gegen die Ungläubigen. Auch das ist ein beunruhigendes Beispiel für die Macht des Nachahmungseffekts.

Gerade vor diesem Hintergrund ist hervorzuheben, dass es nicht sehr klug erscheint, in Medien etwa detailliert über die Konstruktion von Sprengsätzen zu berichten. Das Argument, das dabei immer wieder zur Beschwichtigung der Kritiker genutzt wird, lautet, dass Attentäter dies doch ohnehin herausbekommen würden. Das mag für organisierte terroristische Gruppen auch wirklich gelten. Für den isolierten und häufig psychisch instabilen Einzeltäter dagegen trifft dies nicht immer zu. Hier ist eine größere Zurückhaltung der Medien dringend angeraten.

Der bereits erwähnte psychologische Mechanismus der Identifizierung ist sehr mächtig. Aus diesem Grund plädieren wir auch dafür, in den Medien den Begriff *Lone Wolf* nicht mehr zu verwenden. Denn ein einsamer Wolf zu sein, der durch die Lande zieht, klingt beinahe romantisch. Dieses Motiv kann auf bestimmte Persönlichkeiten durchaus anziehend wirken. Im wissenschaftlichen Bereich hat sich deshalb inzwischen der Begriff des *Lone Actors* etabliert, der eine emotional neutralere Alternative darstellt. Ein Kollege hat sogar einmal halb ironisch vorgeschlagen, bei solchen Einzeltätern von »einsamen Schafen« statt von »einsamen Wölfen« zu sprechen, um der ganzen Sache noch weniger Sexappeal zu verleihen.

Wenig zielführend ist es zudem, wenn solche Einzeltäter in der öffentlichen Diskussion immer wieder als sehr gefährlich beschrieben oder gar zu bösartigen Antihelden stilisiert werden. Auch das kann eine Attraktivität schaffen und zu einer Faszination für solche Gewalttaten führen.

Der Experte für Bedrohungsmanagement Gavin de Becker hat in dem Zusammenhang die Frage gestellt, warum wir beziehungsweise die Medien eigentlich immer wieder Bilder zeigen müssen, auf denen solche Täter von schwer bewaffneten und maskierten Polizeikräften etwa zu einem bereitstehenden Hubschrauber geführt werden. Entsprechende Bilder waren etwa medial durch Deutschland gegangen, als die Sauerland-Gruppe festgenommen wurde. So etwas stimuliert potenzielle Nachahmer, jene Menschen, denen in ihrem Leben immer wieder gesagt wurde, dass sie nichts Besonderes sind, Menschen, die voller Wut und Feindseligkeit stecken. Sie erleben durch eine solche Berichterstattung, dass es auch für sie möglich wäre, durch eine schwere Gewalttat zu etwas Besonderem zu werden, und dass ihnen im Nachgang eine gesellschaftliche Aufmerksamkeit zuteilwird, die sie auf andere Weise vermutlich niemals erlangen könnten. Gavin de Becker hat daher vorgeschlagen, dass man besser völlig andere Bilder veröffentlicht: etwa Bilder eines heruntergekommenen und verdreckten Zimmers, verbunden mit dem Kommentar, dass der Einzeltäter in genau diesem gelebt habe. Einfach aus dem Grund, dass man auf diese Weise das Bedürfnis solcher Einzeltäter nach Grandiosität nicht befriedigen und gleichzeitig den Nachahmungseffekt verringern will.

Doch es geht nicht nur um Grandiosität, auch das Gegenteil kann zu Nachahmung verleiten. Wenn etwa über einen Täter berichtet wird, dass er in seinem Leben immer wieder gescheitert ist, dass andere Menschen ihn mobbten oder schikanierten – in solchen Fällen wird es leichter, dass Menschen mit einem ähnlichen Schicksal sich mit einem Gewalttäter identifizieren. Denn nun bekommt die Öffentlichkeit mit, dass auch eine derartige Person zu einer aufsehenerregenden Tat fähig ist und es damit zu medialer Prominenz gebracht hat. Für den potenziellen Nachahmer tut sich also unvermutet ein Weg auf, aus der eigenen als hoffnungslos empfundenen Situation zu entkommen. Manche spätere Täter sagten sich zudem: Leute, die so behandelt wurden, wie es mir geschah, haben das Recht, eine derartige Gewalttat auszuführen.

Es handelt sich hier um eine Kombination aus medialen Effekten und kulturellen Skripts. So ist etwa in den USA auch der Ausspruch *going postal* geläufig. Dahinter verbirgt sich ein umgangssprachlicher Ausdruck, den wir in der deutschen Sprache mit »Amok laufen« oder schlicht »ausrasten« übersetzen würden. Ursprung des Begriffs sind eine Reihe von Amokläufen, die amerikanische Postangestellte seit der Mitte der Achtzigerjahre begingen. In der Regel handelte es sich um ehemalige Angestellte des United States Postal Service USPS, die Vorgesetzte oder Kollegen töteten. Insgesamt zählte man in den Jahren 1986 bis 1997 rund zehn solcher Amokläufe, bei denen mehr als 40 Personen starben.

Für besondere Aufmerksamkeit sorgte etwa der Amoklauf des damals 45-jährigen Patrick S. Dieser betrat am Morgen des 20. August 1986 mit mehreren Waffen durch einen Hintereingang die Poststelle des Ortes Edmond im US-Bundesstaat Oklahoma. Im Inneren des Gebäudes erschoss er zunächst den Vorgesetzten, der ihn am Vortag entlassen hatte. Dann ging Patrick S. durch das Gebäude und schoss auf jeden weiteren Mitarbeiter, dem er begegnete. Insgesamt dauerte dieser Amoklauf rund 15 Minuten, am Ende hatte Patrick S. 14 Mitarbeiter erschossen, sechs weitere überlebten teils schwer verletzt. Danach tötete er sich selbst durch einen Schuss in den Kopf.

Am 14. November 1991 sorgte die Tat von Thomas M. für Aufsehen. Auch er war ein ehemaliger Postmitarbeiter, der an jenem Tag im Postamt von Royal Oak in Michigan vier Personen und anschließend sich selbst erschoss.

Es gab in den USA eine bedeutend höhere Zahl solcher Gewalttaten als in Europa. Auch hinter diesem Phänomen verbirgt sich ein kulturelles Skript, das es so in Europa weder gab noch gibt. Dieses kulturelle Skript lautet: Kehre zurück zu deinem Arbeitsplatz und räche dich. Es vermittelt den Tätern eine Rechtfertigung für ihre Tat.

Deshalb noch einmal die Warnung, sensibel vorzugehen, wenn wir öffentlich über solche Fälle sprechen. Denn gerade die Tat von Patrick S. fand in den Medien auch überregional Beachtung, und man kann somit vermuten, dass es eine Art Initialzündung für weitere wütende ehemalige Postmitarbeiter darstellte, die sich danach ebenfalls an ihren früheren Kollegen und Vorgesetzten rächten.

Dieses Phänomen ist überraschenderweise seit mehr als 100 Jahren bekannt. Ein amerikanischer Kriminologe namens MacDonald wies schon im Jahr 1911 darauf hin, wie sich Nachahmungstaten verhindern ließen. MacDonald untersuchte zu jener Zeit Attentate auf US-Politiker und warnte schon damals vor einer ausufernden Berichterstattung über diese aufsehenerregenden Fälle. Gerade die breite mediale Aufmerksamkeit würde nämlich die Ruhmsucht potenzieller Attentäter entfachen und auf diese Weise potenzielle Gewalttaten begünstigen.

Obgleich zu dieser Zeit Facebook, Instagram oder Twitter noch nicht einmal zu erahnen war, gab MacDonald einen Rat, der heute nicht weniger wichtig und aktuell ist, als es im Jahr 1911 der Fall war: »Zeitungen, Zeitschriften und Autoren von Büchern sollten aufhören, die Namen dieser Kriminellen zu veröffentlichen. Sollte dies nicht freiwillig geschehen, so sollte man es zu einem Vergehen machen, es zu tun. Dies würde die Hoffnung auf Ruhm und Bekanntheit stark reduzieren, welche ein großer Ansporn für solche Verbrechen ist.«

Es ist regelrecht verblüffend, wie aktuell diese Aussage nach mehr als 100 Jahren geblieben ist. Wir können hier etwas beobachten, was wir den Werther-Effekt nennen – benannt nach dem Roman *Die Leiden des jungen Werther* von Goethe. Dahinter verbirgt sich die Erkenntnis, dass es einen kausalen Zusammenhang gibt zwischen Suiziden, über die Medien ausführlich berichtet haben, und der anschließenden tatsächlichen Zunahme von Suiziden in der Bevölkerung.

Dieses Phänomen lässt sich auch erläutern an dem Fall des Robert Enke. Der frühere Bundesliga- und Nationaltorwart nahm sich im November 2009 das Leben, indem er sich vor einen Zug warf. Anschließend wurde im Rahmen einer Pressekonferenz bekannt gegeben, dass Enke bereits seit dem Jahr 2003 wegen Depressionen psychiatrisch behandelt wurde.

Die Medien wiederum berichteten in der Folgezeit nicht nur über den tragischen Tod des Fußballidols, auch der Berichterstattung über das Thema Depression wurde breiter Raum gegeben.

Eine Studie hat gezeigt, dass es auch heute noch – und damit Jahre nach Enkes Suizid – mehr Gleissuizide gibt, als es zuvor der Fall war. Die Werte haben sich also weiterhin nicht wieder normalisiert. Diese Häufung lässt sich sehr genau an der breiten Berichterstattung festmachen.

In der Folge dieses Wissens wird inzwischen nicht mehr so umfangreich und häufig über Suizide berichtet, wie es zuvor der Fall war. Dass so etwas durchaus einen Effekt hat, zeigt ein klassisches Beispiel aus Wien. Dort hat man nämlich bereits 1978 beschlossen, dass es sinnvoll ist, die Berichterstattung über Suizide zu stoppen. Als Folge davon ging die Zahl der Suizide in der U-Bahn um 80 Prozent zurück. Offenbar beeinflusst also die Berichterstattung der Medien Suizide, aber auch Gewalttaten und deren Häufigkeit. Bei radikalisierten Einzeltätern lässt sich feststellen, dass 42 Prozent von ihnen zuvor im Internet zu anderen Tätern und Taten recherchiert haben, sodass auch hier davon auszugehen ist, dass es durch die Berichterstattung zu einem Nachahmungseffekt gekommen ist.

Natürlich gibt es bei schweren Verbrechen – auch bei Attentaten – ein berechtigtes Interesse der Medien, darüber zu berichten. Und Journalisten müssen auch berichten, da die Deutungshoheit sonst etwa Verschwörungstheoretikern im Internet überlassen würde. Nur ist genau zu überlegen, wie man darüber berichten will.

Dazu lassen sich einige wichtige Regeln nennen. Erstens: Keine vollen Namen nennen. Denn die Nennung eines Namens stellt immer auch eine Individualisierung dar – der Weltöffentlichkeit wird also die Person individuell bekannt, was für Nachahmungstäter wiederum einen Anreiz darstellt. Zweitens: Die Fotos von Gesichtern mutmaßlicher Terroristen sollten verpixelt werden (was mittlerweile immerhin teilweise auch schon geschieht). Denn auch dieses Verpixeln unterstützt die Entindividualisierung, ermöglicht aber die Berichterstattung und unterbindet zudem noch den Nachahmungseffekt. Vor einem Themenabend von Spiegel TV zu Amokläufen haben wir als Kriminalpsychologen die Redaktion auf genau diese Punkte hingewiesen. Tatsächlich wurden in den Berichten alle Tätergesichter verpixelt, was deutlich zeigt, dass trotz solcher Maßnahmen eine umfangreiche Berichterstattung möglich ist. Das Interesse der Öffentlichkeit wird also befriedigt, ohne dass man das Risiko in Kauf nehmen muss, dass die Berichterstattung durch Nachahmer weitere Menschenleben fordert.

Ein zusätzlicher Effekt besteht darin, dass man die Täter durch das Verpixeln nicht auch noch zusätzlich dämonisiert und ihre Gesichter etwa als die Gesichter blutrünstiger Killer zeigt. Werden die Gesichter aber offen gezeigt und zusätzlich mit entsprechenden Kommentaren beschrieben, schafft das eine gleichermaßen dämonisierende wie für bestimmte Menschen auch attraktive Faszination. Mehr Raum in den Medien sollte die Berichterstattung darüber bekommen, welche Folgen und welches Unglück für sämtliche Beteiligten, also Opfer und alle Angehörigen, terroristische Attentate produzieren.

22

Das Attentat am Olympiazentrum in München: Amok oder Terror? Wenn sich Skripte vermischen

David S. verlässt am Freitag, 22. Juli 2016, kurz vor 16 Uhr die Wohnung seiner Eltern, um sich mit einem Bekannten an einem Schnellrestaurant in der Nähe des Olympia-Einkaufszentrums in München zu treffen. Gegen 17 Uhr trennen sich die beiden wieder. Um 17:08 Uhr Uhr betritt David S. alleine das Schnellrestaurant, wobei er mit niemandem spricht, sondern sich nur gründlich umschaut. Etwa 40 Minuten später geht er zur Toilette im ersten Obergeschoss und holt dort eine Pistole, eine Glock, aus seinem Rucksack. Unmittelbar darauf beginnt er, gezielt auf Gäste zu schießen, und tötet dabei fünf Menschen. Anschließend geht der 18-jährige Täter über die Treppe ins Erdgeschoss hinunter, läuft an einer Kindergeburtstagsfeier vorbei und betritt die Straße. Vor dem Gebäude tötet er drei weitere Menschen. Ohne einen weiteren Schuss abzugeben, läuft der junge Mann auf das Olympia-Einkaufszentrum zu und erschießt auf der Rolltreppe sein letztes Opfer.

Über eine Brücke, von der aus er auf eine weitere Frau schießt, begibt sich S. zu einem nahe gelegenen Parkhaus. Über die Medien ist kurz nach der Tat ein Video in Umlauf gebracht geworden, das David auf dem Parkdeck des OEZ zeigt, wie er mit einem Anwohner diskutiert, während er von diesem beschimpft und gefilmt wird. Um 18:04 Uhr schließlich entdeckten Polizisten den Täter, wobei ein Beamter einen Schuss aus seiner Maschinenpistole abfeuert. Er verfehlt jedoch David S., der davonrennt und sich versteckt. Zwei Stunden nach den ersten Schüssen stößt er gegen 22:25 Uhr auf eine zivile Polizeistreife. Die Beamten fordern ihn auf, die Waffe auf den Boden zu legen. »*Jetzt ist es eh vorbei*«, antwortete David. »*Ihr könnt mich auch erschießen.*« David S. tötet sich schließlich selbst, nachdem durch seine Tat insgesamt neun Menschen ermordet und 32 weitere Personen verletzt wurden. Später deuteten die Ergebnisse der Ermittlungsbehörden an, dass David S. offenbar gezielt auf Menschen mit dunklerer Hautfarbe geschossen hatte.

David S., der einen deutschen und einen iranischen Pass hatte, wurde 1998 geboren. Er wohnte mit seinen Eltern und seinem jüngeren Bruder in Maxvorstadt, einem beliebten Vorort von München. Schon früh fiel er durch soziale Schwierigkeiten auf, unter anderem wurde bei ihm das Asperger-Syndrom diagnostiziert. Dieses mag in Teilen dazu beigetragen haben, dass er sich in das Leid seiner Opfer nicht hineinversetzen konnte und letztendlich die Hemmschwellen für eine Gewalttat bei ihm niedriger lagen. Insgesamt deutet die Forschung jedoch nicht auf direkte Zusammenhänge zwischen einer psychischen Störung und Gewalt hin. Davids Weg zu seiner Tat wurde vielmehr aus einer komplexen Dynamik persönlich erlebter Kränkungen, der Faszination für Amok- und Attentäter sowie der Auseinandersetzung mit rechtsextremistischer Ideologie gespeist.

Das Attentat am Olympia-Einkaufszentrum in München sowie die Biografie des Täters sind ein eindrückliches Beispiel dafür, dass Amoktaten und terroristisch motivierte Attentate oftmals kaum mehr klar voneinander zu trennen sind. Zugleich zeigt der Fall, dass die Suche nach nur einem Hauptmotiv (politische Motivation oder Mobbing) kaum sinnvoll erscheint.

Die FBI-Profilerin Mary Ellen O'Toole spricht bei einem Tätertypus wie David S. von einem Ungerechtigkeitssammler. Mit dem Begriff werden im Bedrohungsmanagement Personen beschrieben, die sehr kränkbar und subjektiv davon überzeugt sind, dass ihnen immer wieder Ungerechtigkeiten durch andere widerfahren. In Konflikten können sie nicht loslassen und bauschen sie zu etwas Zentralem auf. Über die Zeit stauen sich die erlebten Ungerechtigkeiten, ohne dass sie von dem Individuum wirklich verarbeitet werden. Solche Menschen neigen zu extremer Wut. So drohte David S. beispielsweise bereits im Juni 2016 seinem Fahrprüfer mit dem Tode, als dieser ihn durch die Prüfung fallen ließ.

In der Tat war David S. wohl über mehrere Jahre das Opfer von Mobbingattacken und Körperverletzungen Gleichaltriger. Über Jahre hinweg staute er aufgrund dieser Erfahrungen Rachegefühle gegenüber Menschen mit südosteuropäischem Migrationshintergrund auf, die er für seine ständigen Demütigungen und in der Folge auch für seinen schulischen Misserfolg verantwortlich machte.

Im Fall von David S. zeichnen sich einige Hinweise ab, dass er bereits früh versuchte, Minderwertigkeitsgefühle durch Gewaltfantasien zu kompensieren. Aus der Kriminalpsychologie sind mittlerweile Verhaltensmuster bekannt, die im Rahmen vielfältiger Forschungsarbeiten als typisch für Amoktäter und terroristische Einzeltäter im Vorfeld ihrer Tat identifiziert wurden. Sie werden heute im Rahmen des Bedrohungsmanagements zur Früherkennung solcher Tatentwicklungen genutzt. Zugleich geben diese Verhaltensmuster aber auch Einblick in die psychologische Dynamik der Täter.

So zeigen etwa der forensische Psychologe Reid Meloy und der Kriminalforscher Paul Gill in ihrer Studie, dass 77 Prozent aller terroristischen

Einzeltäter auf ihrem Weg zur Gewalt sich nach außen stark mit Themen wie Waffen, Krieg oder Attentaten identifizieren.

Der psychologische Gewinn bei der Identifizierung ist häufig Selbstwerterhöhung und die Rückgewinnung von Handlungsmacht im Sinne eines Rachefeldzugs. Dadurch werden Bedürfnisse nach Allmacht und omnipotenter Kontrolle stimuliert, welche das labile Selbstwertgefühl des Täters stabilisieren sollen. Ein Aspekt dieses Warnverhaltens verweist auf die Identifizierung mit einer bestimmten radikalen Gruppe oder extremen Ideologie. Die Täter begreifen sich oftmals als besonders herausragende Vertreter einer moralisch überlegenen Bewegung, was für sie auch die innere Rechtfertigung gewalttätiger Handlungen erleichtert oder sogar überhaupt erst ermöglicht.

Aus persönlichen Aufzeichnungen, die Ermittler im Anschluss der Tat auf dem Computer von David S. gefunden haben, wird deutlich, dass sich dieser als Teil einer politischen Bewegung begriff, die mittels Anschlägen das Land verändern wollte. So schreibt er beispielsweise: »Unsere Gegner sind jetzt die Salafisten, Wirtschaftsflüchtlinge, Merkel (…) die Freimaurer und Illuminaten (…)«

Daneben offenbart die Identifizierung mit einem konkreten Vorbild, dass sich der spätere Täter bestimmten radikalen Führungspersonen oder Meinungsbildnern nahe fühlt oder sich sogar mit ihnen innerlich verbunden wähnt. Laut Zeugenaussagen sei David S. beispielsweise stolz darauf gewesen, dass er gemeinsam mit Adolf Hitler Geburtstag habe. Als 17-Jähriger zeichnete er während eines stationären Krankenhausaufenthalts im Klinikum Harlaching Hakenkreuze, benutzte in einer Therapie den Hitlergruß und rief »Sieg Heil!«. Einer Mitpatientin erklärte er, er finde »manche Sachen gut, die Hitler gemacht hat«.

Darüber hinaus zeigte sich David S. sowohl durch Schulamokläufe als auch durch die Taten von Anders B. – der auf den Tag genau fünf Jahre zuvor in Norwegen 77 Menschen ermordet hatte – inspiriert. David S. hatte verschiedenen Berichten zufolge kurz vor seiner Tat das Konterfei von Anders B. als Profilbild für sein WhatsApp-Konto gewählt. Er hatte sich ebenfalls intensiv mit dem Thema Schulamok auseinandergesetzt: So fanden sich in David S. Jugendzimmer nicht nur das Buch *Amok im Kopf* – eine Studie des Psychiaters Peter Langman zu Täterprofilen von Schulamokläufern –, sondern auch Aufnahmen seiner Handykamera, die David S. in Winnenden zeigten. Offensichtlich hatte er kurze Zeit zuvor die baden-württembergische Stadt besucht, in der am 11. März 2009 ein zur Tatzeit 17-jähriger Schüler 15 Menschen ermordet hatt.

Auch mit anderen tauschte sich David S. im Internet über Anders B. und Amoktaten aus, unter anderem mit einem 15-Jährigen auf einer Online-Gaming-Plattform, auf der er die Account-Namen »Hass« und »Amok« wählte. Auch Bilder des Germanwings-Piloten Andreas L., der am 24. März 2015 einen Airbus A 320 mit 149 Personen in den französischen Alpen kontrolliert zum Absturz brachte, fanden sich auf seinem Rechner.

Als David S. 2015 für zwei Monate in stationärer und anschließend in ambulanter Behandlung war, ließ er sich schon im Sommer 2015 von Mitpatienten in der Klinik »Amokläufer Z« nennen.

David S. zeigte über die Zeit eine zunehmend feindselige emotionale Grundstimmung. So zog er sich zurück und flüchtete sich immer weiter in Gewalt- und Rachefantasien. In seinen zum Teil drastischen, mit rechtsextremistischen Gedanken und Formulierungen, die wir hier nicht wörtlich wiedergeben, durchsetzten Aufzeichnungen zeigte er sich beispielsweise überzeugt davon, dass seine »Mitschüler und andere in seiner Umgebung« von einem »Virus« befallen seien:

»Fangen wir als Erstes mit der Lage der Hauptschule (Mittelschule) an. Die Schule liegt im Norden von München, die Gegend wirkt sehr verstörend, alte depressive Frauen und Männer bekommt man oft zu sehen (...). Dieser Stadtteil ist mit dem »Virus« (dazu komme ich später wieder) nahezu komplett infiziert. Die Ausländischen (...) mit meist türkisch-balkanischen Wur-

zeln regieren die Kriminalität und sind für die Destabilisierung des Stadtteils verantwortlich. (...) So, jetzt komme ich schon zum Hauptteil meines Textes, nämlich die Untersuchung dieser (...) Menschen, die ich exekutieren werde.«

(...) Nach meinen Erkenntnissen und Niederlagen im Leben habe ich herausgefunden, dass dieses Virus ÜBERWIEGEND bei den Jugendlichen sich einnistet und die dementsprechenden Symptome zeigt.«

Diese starke Beschäftigung mit Gewalt, verbunden mit einem extremen sozialen Rückzug, geht oftmals einher mit einer Verschlechterung der sozialen oder schulischen Situation der fixierten Person. Eine solche Fixierung ist auch bei 77 Prozent aller terroristischen Einzeltäter zu erkennen.

Die Beschäftigung mit den eigenen Rachefantasien findet aber meist nicht nur im Verborgenen statt, sondern ist in 85 Prozent der Fälle auch für Personen im sozialen Umfeld beobachtbar. Dies ist häufig auch in der digitalen Kommunikation der Fall. So äußerte David S. beispielsweise beim Online-Gaming immer wieder Amokdrohungen, wie seine Bekannten berichteten. Auch in seinen unverschlüsselten digitalen Aufzeichnungen finden sich explizite Hinweise auf seine Tat: »Ich werde jetzt jeden deutschen Türken auslöschen, egal wer« und »... die Rache an denjenigen, die mich auf dem Gewissen haben ... die ich exekutieren werde«.

Egal, ob man die Tat von München nun als terroristisches Attentat oder als Amoklauf klassifizieren will, der Tat liegt ein Pfad zur Gewalt zugrunde, der sich über eine lange Zeit entwickelt hat. Die Entscheidung, die Pistole gegen unbewaffnete und ahnungslose Passanten zu richten, erfolgte bei David S. nicht aus einer Kurzschlussreaktion heraus. Das erkennt man auch an der peniblen Planung seines Vorgehens. Er besuchte mehrfach den späteren Tatort und legte sich zwei Accounts in Darknet-Foren an, um an seine Schusswaffe zu kommen, die er schlussendlich für 4000 Euro von einem Händler in Marburg erhielt. Auch auf dem Weg dorthin traten seine Gewaltfantasien wieder deutlich zutage. Er produzierte eine neunminütige Audiodatei, in der er unter anderem äußerte: »Ihr habt mein Leben zerstört, jetzt zerstöre ich euer Leben. Mit meiner Glock.«

Sein Zimmer durften die Eltern nicht mehr betreten, nachdem David S. dort die Waffe und die Patronen in einer Diddl-Maus-Dose verstaut hatte. David S. übte bereits im Vorfeld mit der gekauften Waffe im Keller, ohne dass die Schüsse in den umliegenden Wohnungen wahrgenommen wurden. Er schoss auf Zeitungsstapel und filmte sich dabei. Er gab dabei mindestens 107 Schüsse ab.

Zum Zeitpunkt seines Suizids befanden sich weitere 300 Kugeln in seinem Rucksack. Obgleich die Tat nicht an einer Bildungseinrichtung, sondern im öffentlichen Raum stattfand, ist es auffällig, dass der Täter aus München identische Risikofaktoren zeigte, wie sie bereits von Schulamokläufern bekannt sind. Der Täter identifizierte sich mit anderen Amokläufern vor ihm und reiste sogar nach Winnenden. Der 18-Jährige machte bedrohliche Äußerungen, eine Gewalttat zu begehen, und versuchte zudem, durch einen gefakten Facebook-Account weitere potenzielle Opfer anzulocken. Auch fühlte er sich gemobbt oder war tatsächlich an seiner Schule zum Ziel von Mobbing geworden. Es zeigt sich somit, dass die von den Jugendlichen aufgegriffenen Amokläufer-Skripts, wie wir sie bislang kannten, sich in einem Wandel befinden. Neben den klassischen Schulamok-Skripten werden mittlerweile zunehmend radikale Ideologien mit aufgegriffen. Fachpersonen im Bedrohungsmanagement sollten also fortlaufend den Wandel von Verhaltensmustern und Risikokonstellationen in ihrem Tätigkeitsbereich im Blick behalten und sich etwa durch wissenschaftliche Veröffentlichungen, Fallstudien und Fachveranstaltungen über den neuesten Stand informieren.

IX

Was bleibt?

23

Das Wesen des Terrorismus und die Reaktion darauf

Der Terrorismusforscher Peter Waldmann hat festgehalten, dass terroristische Gewalt eine sehr besondere Form der Gewalt darstellt, da der Täter nicht durch seine Handlung allein sein Ziel erreichen kann, sondern nur dadurch, dass die Gesellschaft in besonderer Weise auf diese Gewalt reagiert. Genau aus diesem Grund ist es den Tätern derart wichtig, die Interpretation ihres Terroraktes so weit wie irgend möglich zu lenken.

Daher war es etwa einem der Attentäter von London-Woolwich im Jahr 2013 auch so wichtig, dass ihn eine Passantin filmte. Der Mann hatte auf offener Straße einen Soldaten getötet, unvergessen bleibt er aber vor allem deswegen, weil wenig später ein Video um die Welt ging, das ihn mit einem blutigen Schlachtermesser in der Hand zeigte, während er seine Beweggründe zu erläutern versuchte. Eine Passantin griff zu ihrer Handykamera und filmte das Szenario, was einer der Attentäter bemerkte. Er ging daraufhin auf die Passantin zu und sprach seelenruhig, aber eindringlich seine Erläuterung in das Mikrofon. Täglich würden Muslime von britischen Soldaten getötet. Der nun in London getötete Soldat stehe daher für das Prinzip Auge um Auge und Zahn um Zahn.

Geht es um Terror oder Terroristen, dann geht es in jedem einzelnen Fall auch um die andere Seite – nämlich um uns und wie wir mit der Thematik beziehungsweise den tatsächlichen oder vermeintlichen Gefahren umgehen.

Terrorismus lebt von der Angst, die die Terroristen verursachen. Wie wir als freie Gesellschaft wiederum auf den Terrorismus reagieren, bestimmt darüber, ob diese Form der Gewalt Erfolg hat oder nicht. Terrorismus versucht ja gerade in seiner gegenwärtigen Form – Beispiele sind nicht nur Brüssel, London, Nizza, Berlin, München und Paris –, willkürlich das öffentliche Leben zu attackieren, und er versucht, den Lebensstil zu attackieren, ohne dass es ein mögliches Entrinnen zu geben scheint. Wenn wir uns zurückziehen und unseren Lebensstil grundlegend ändern würden, würden wir damit solche Attacken zu einem Erfolg machen. Das wäre ein Modell, an dem andere sich orientieren könnten, um noch weiter zu gehen. Das heißt, wir sind sowohl emotional gefordert als auch mit einer strategischen Fragestellung konfrontiert.

In Paris fuhren zunächst nach den Anschlägen Ende 2015 deutlich weniger Fahrgäste mit der U-Bahn, obwohl ja die Metro gar nicht attackiert worden war. Außerdem herrschte in den Tagen nach den Anschlägen in vielen Restaurants und Cafés gähnende Leere. Dann aber beschlossen die Menschen, sich ihren öffentlichen Raum zurückzuerobern. Es gab ein Wochenende, an dem die Menschen in besonders großer Zahl sehr bewusst ausgegangen sind. Sie sind essen gegangen, sie sind tanzen gegangen, auch um sich in einer solchen Gemeinschaft gegenseitig zu stärken. Vor allem aber ging es darum, ein Zeichen zu setzen und damit zu unterstreichen, dass man sich das eigene Leben und auch das gesellschaftliche Leben nicht kaputt machen lassen würde. Ein sehr wichtiger Aspekt.

Der zweite Aspekt ist der, dass durch die erfolgreichen terroristischen Akte der jüngeren Vergangenheit ein grundsätzliches Misstrauen zwischen Religionen und ein Misstrauen zwischen Menschen unterschiedlicher Herkunftsländer entstanden ist. Der 11. September 2001 hatte erklärtermaßen das Ziel gehabt, dass man einen Keil zwischen die westliche und die islamische Welt treiben wollte. Man wollte Misstrauen säen. Das ist gelungen, und zwar nicht zuletzt, weil die Supermacht USA sich hat provozieren lassen. Schnelle kriegerische Interventionen haben sowohl dazu geführt, dass der Westen in der islamischen Welt viel feindseliger wahrgenommen wird, als es zuvor der Fall war, als auch dazu, dass die Menschen in Europa, den USA und der westlichen Welt ganz allgemein häufiger einen Generalverdacht gegen Muslime oder Personen aus bestimmten Herkunftsländern hegen. Die Entscheidungen des gegenwärtigen US-Präsidenten, ganze Nationen mit Einreiseverboten zu belegen, haben ein Übriges dazu beigetragen.

Es ist überaus wichtig, dass wir dieser menschenfeindlichen Atmosphäre gegen bestimmte Bevölkerungsgruppen entgegentreten, aber auch, dass wir unserer Furcht keinen unkontrollierten Raum lassen. Man muss sich stets bewusst machen, dass es ein erklärtes Ziel des Terrorismus ist, die Welt weiter auseinanderzutreiben. Dass wir aber stets in der Gefahr stehen, diesem nachzugehen, ist eine wichtige (Selbst-)Erkenntnis, wenn man sich mit dem Thema Terrorismus sowie dessen Hintergründen und Mechanismen beschäftigt.

Interessant war in dem Zusammenhang die Haltung in London, nachdem es dort im Jahr 2005 zu Anschlägen auf die öffentlichen Verkehrsmittel gekommen war. Es wurde erklärt, dass man sich von derartigen Taten nicht nachhaltig beeindrucken lassen wollte. Nun ist aber London eine Stadt, die auf ihre Busse und die U-Bahnen in ihren die Klaustrophobie fördernden Tunneln angewiesen ist, sodass derartige Anschläge neben aller Gewalt und Tragik tatsächlich tief in den Alltag der Menschen einschneiden. Gleichzeitig ist London aber auch eine Stadt, die über lange Jahre von dem Terror der Irisch-Republikanischen Armee geprägt war, sodass man dort über Jahre bereits mit terroristischen Warnungen vertraut war. Man ging trotzdem raus, man wusste damit umzugehen. Es hatte sich eine pragmatische, beherrschte und zivilisierte Haltung ausgeprägt, die sich im Grunde alle Menschen in der westlichen Welt angewöhnen sollten. Wir sollten uns durch den Terror nicht unsere Kultur zerstören lassen, wir sollten aber auch die Dinge ansprechen, die problematisch sind und bei denen es Konflikte gibt. Vor allem aber sollten wir zu einer Haltung finden, die den Terrorismus nicht die Macht über den öffentlichen Raum gewinnen lässt.

24

Wer ist der Nächste? Das Problem der Stigmatisierung

Terroristisch-islamistische Organisationen wollen erreichen, dass sich überall auf der Welt Muslime positionieren müssen, wenn es nach terroristischen Attacken zu erhöhtem Misstrauen sowie einem Anstieg von Hass seitens der Mehrheitsgesellschaft gegenüber Muslimen kommt. Dergleichen hat sich in Deutschland abgezeichnet. Dass sich etwa nach vereitelten terroristischen Anschlägen Integrationsdebatten auf den Islam fokussierten und dass der Diskurs immer weiter in Richtung Sicherheitspolitik ging, verbunden mit der Forderung, dass man sich als Gesellschaft schützen müsse. Islamophobie ist zumindest in Teilen der Gesellschaft konsensfähig geworden. Dieses Labeling und die Stigmatisierungseffekte haben gerade auch bei jungen Muslimen, die in Deutschland aufgewachsen sind, dazu geführt, dass sie sich in ihrem Gefühl bestärkt sahen, ausgeschlossen oder zumindest anders zu sein. Dieses Gefühl schafft wiederum einen wesentlichen Anknüpfungspunkt für die Propaganda der terroristischen Organisationen. Der Interpretationsrahmen, den sie anbieten: Der verschwörerische Westen sei der Aggressor, weil er den Islam und alles Fremde schlechtmache. Selbst wer in Deutschland geboren ist, werde ausgegrenzt, weil der Westen Muslime einfach nicht dazugehören lassen wolle. Zudem müsse endlich gegen die Dekadenz des Westens angegangen werden – und genau dafür würden islamistische Organisationen eine feste Gemeinschaft mit eindeutigen Normen und Werten bereitstellen.

Man gewinnt gelegentlich den Eindruck, dass die Angst vor islamistischem Terror weit größer ist als vor dem Terror von rechts oder vor Amoktaten – was zu der Frage führt, warum das so ist. Haben wir vor islamistischem Terror mehr Angst, weil er für uns etwas Fremdes darstellt, während rechter Terror eher hausgemacht ist und Amoktaten, so der Mythos, nur von psychisch kranken Menschen begangen werden? Viele islamistische Terroristen haben sich aber auch in Deutschland radikalisiert.

Die Entwicklung ist vor allem auch vor dem Hintergrund bemerkenswert, dass tatsächlich die Zahl der rechten Attentate stark zugenommen hat. Viele dieser Anschläge richten sich inzwischen zudem gegen Flüchtlingsheime. Trotzdem spielen solche Vorfälle in der öffentlichen Wahrnehmung eine vergleichsweise kleine Rolle. Es hat möglicherweise damit zu tun, dass sich der Terror von rechts nicht wie der islamistische Terror gegen die einheimische Bevölkerung richtet, sondern für viele vielmehr eine Art des Protests gegen die Flüchtlingspolitik der Regierung darstellt. So liest man es etwa in den Facebook-Gruppen »Nein zum Heim« und »Ja zum Bürgerkrieg«. Mitunter kommt es auch in diesen virtuellen Milieus zu einer gewissen Solidarisierung von Teilen der Bevölkerung: Man will zwar nicht, dass Menschen mit Fluchthintergrund umgebracht werden, man will sie aber auch nicht unbedingt im Land oder in der Nähe des eigenen Wohnortes haben. Was wiederum mit der Angst verbunden ist, dass gerade durch Menschen aus islamischen Ländern mehr islamistischer Terror importiert wird. Auch vonseiten des rechten Terrors wird versucht, eine gewisse Eskalation heraufzubeschwören.

Die große Gefahr, die von all dem ausgeht, besteht darin, dass die Menschen irgendwann nur noch Stereotype im Kopf haben, die sich schwer wieder beseitigen lassen. Dass wir also letztlich in jeder islamischen Gruppe, so harmlos sie tatsächlich sein mag, eine islamistische und terroristische Vereinigung vermuten. Die einzige Möglichkeit, hier gegenzusteuern, wäre der direkte Kontakt zu den Menschen. Hat aber jemand diesen Kontakt nicht, weil ihm die Menschen längst irgendwie unheimlich sind, verhärtet sich die ablehnende Haltung und führt schließlich zu einer Art Entfremdung. Auch das ist ein Effekt von alledem: Wir werden uns gegenseitig unheimlich.

Auch der linke Terror muss in diesem Rahmen genannt werden, der inzwischen weitgehend aus der öffentlichen Wahrnehmung verschwunden ist. Zu Zeiten der Roten Armee Fraktion machte etwa der Satz vom Kampf gegen das »Schweinesystem« die Runde. Es ging also nicht um Anschläge gegen die Bevölkerung, sondern vor allem gegen Politiker und Wirtschaftsbosse. Damit konnten sich manche sogar innerhalb gewisser Grenzen solidarisieren, vor allem fühlten sie aber keine Bedrohung gegen sich und ihr eigenes Leben.

Ähnlich sieht es mit linksextremistischer Gewalt in Städten wie Berlin oder Hamburg aus, wenn die »Bonzenkarren« des Establishments angezündet werden oder gegen die Polizei vorgegangen wird. Auch das ist natürlich eine Art von Radikalität, die den Boden der Rechtsstaatlichkeit verlässt. Aber wieder wurde auch hier eine Gruppe von Menschen angegriffen, mit der sich die breite Bevölkerung wenig identifiziert, sodass diese Taten beziehungsweise Angriffe als weniger bedrohlich für die Allgemeinheit gewertet wurden.

25

Bedrohungsmanagement als Präventionsansatz in Unternehmen, Behörden und regionalen Strukturen

Eine Radikalisierung muss nicht immer automatisch mit spontaner Gewalt verknüpft sein. Es kann auch zunächst ein auffälliges Verhalten festgestellt werden, wenn etwa eine Person beginnt, konkrete Pläne zu schmieden oder sich Waffen zu beschaffen und Vorbereitungshandlungen umzusetzen versucht. Eventuell werden gegenüber Dritten oder im Internet Andeutungen zum Plan einer entsprechenden Tat gemacht. Mitunter werden gegenüber anderen Personen auch direkte Drohungen ausgesprochen.

Solche Personen identifizieren sich häufig mit anderen radikalen Tätern – entweder mit einem Individuum oder mit einer radikalen Bewegung. Das ist der sogenannte Identifizierungsfaktor, den wir in diesem Buch bereits mehrfach thematisiert haben. Er kann ein Hinweis darauf sein, dass ein Mensch von einem Gefühl der Zugehörigkeit ausgehend damit beginnt, selbst erste Schritte in Richtung der Umsetzung einer Gewalttat zu machen. Das sogenannte Bedrohungsmanagement versucht, derartige Auffälligkeiten zu beobachten und zu entscheiden, ab wann eine radikalisierte Person stärker ins Visier genommen werden sollten.

Der britische Kriminalforscher Paul Gill hat herausgefunden, dass ganze 83 Prozent der *Lone Actors* in Bezug auf ihr soziales Verhalten in entsprechender Form auffällig geworden sind. In 79 Prozent der Fälle bemerkt das Umfeld einer solchen Person, dass diese dem Extremen zugetan war, in zwei Drittel der Fälle wussten Freunde und Familie zudem, dass der spätere Täter plante, eine terroristisch motivierte Tat zu begehen. In mehr als der Hälfte der Fälle wiederum war es den Angehörigen bewusst, dass die Person ein Verhalten an den Tag legt, das auf Recherche oder Planung eines solchen Anschlags hindeutet. In 59 Prozent der Fälle teilte der Täter sich auch in Form von Statements oder dergleichen über seine späteren Absichten mit. Diese Warnverhaltensweisen liefern den Ansatz für eine Prävention. Zudem werden diese Warnverhaltensweisen auch als Risikomarker im Internet genutzt. Man versucht, auffällige Kommunikation und auffälliges Verhalten zu identifizieren. So gab es beispielsweise das politisch motivierte Vorhaben eines Täters in den USA, der in einem Holocaust-Museum ein Massaker anrichten wollte. Dieser Täter hat sehr offen auf einer antisemitischen Webseite seine Absichten dargelegt.

Das Bedrohungsmanagement setzt zunächst einmal an, indem es Personen oder Gruppen sensibilisiert, die von derartigen Vorgängen etwas mitbekommen könnten. Für die Sensibilisierung etwa in Behörden, Unternehmen und Gefängnissen haben wir im Rahmen unserer Forschungsarbeit am Institut Psychologie und Bedrohungsmanagement ein wissenschaftlich fundiertes Screeninginstrument zur Früherkennung von Radikalisierungsprozessen entwickelt. Es wird etwa in Gefängnissen eingesetzt, um alle Mitarbeiterinnen und Mitarbeiter, vom Seelsorger bis zum Justizvollzugsangestellten, zu befähigen, Radikalisierungsprozesse im Sinne spezifischer Verhaltensmuster zu beobachten. Die 13 Faktoren des Screenings sind eindeutig und spezifisch formuliert, sodass jeder Anwender sie auf die gleiche Art und Weise versteht. Eine breite Sensibilisierung ist daneben durch eine flankierende Onlineschulung gewährleistet. Abgedeckt werden verschiedene Verhaltensbereiche, die sich in der Forschung als relevant für die Entwicklung von Radikalisierungsprozessen erwiesen haben, so etwa die Bereiche »persönliche Krise«, »Bindung der Person an die islamistische Ideologie«, »gewaltbezogene Kommunikation«, »Befähigung zum Ausüben von Gewalt« und »Veränderungen im sozialen Umfeld«.

Auf einer weiteren Ebene geht es darum, eine Ansprechbarkeit zu schaffen, wenn etwa Kollegen oder Familienangehörige solche Vorgänge oder Vorfälle bemerken. Es werden dann etwa Ansprechstellen genannt, die möglichst niedrigschwellig und krisenorientiert agieren – um gerade engen Angehörigen die Angst zu nehmen, dass ihre Meldung den Bekannten oder Verwandten direkt hinter Gitter bringt. Das ist wichtig, weil gerade bei den *Lone Actors* häufig die Radikalisierung mit einer Lebenskrise verbunden ist. Es geht also beim Bedrohungsmanagement sowohl um das Erkennen und Einschätzen solcher Vorgänge als auch um deren Entschärfung. Man will möglichst früh erkennen, dass etwas im Gange ist, um dann möglichst früh intervenieren zu können. Das Bedrohungsmanagement weiß, dass eine solche Aufgabe nicht allein von einer einzigen Berufsgruppe übernommen werden kann. Wird ein solches Fallmanagement übernommen, ist etwa auch die Polizei als ein wichtiger Akteur involviert, es bedarf aber zusätzlich stabilisierender Programme.

Regelmäßig, und das wird oft übersehen, gehört zum Bedrohungsmanagement zudem eine psychiatrische und psychologische Intervention. Denn es gilt, den hohen Anteil von psychischen Krankheiten und psychischen Auffälligkeiten gerade bei den *Lone-Actor*-Tätern zu bedenken.

Nehmen wir als ein Beispiel ein Unternehmen: Große Firmen sind auch ein Spiegel der Gesellschaft, und dort gibt es immer wieder einzelne Mitarbeiter, die sich in eine extreme Richtung bewegen. Daher ist es ein Ansatz, in einem solchen Unternehmen intern Ansprechpartner einzusetzen und zu sensibilisieren, die solche Entwicklungen beobachten und in Zusammenarbeit mit den Behörden die Vorgänge bewerten und begleiten. Gleichzeitig muss alles auf eine belastbare, wissenschaftlich untermauerte Grundlage gestellt werden, nicht zuletzt um eine Stigmatisierung zu vermeiden, damit etwa niemand nur aus Gründen der Religionszugehörigkeit vorschnell mit einem Radikalen gleichgesetzt wird. Es gilt vielmehr, einen aufmerksamen und gelassenen Umgang mit dem Thema und dem eventuellen Problem zu finden. Bestimmte Behörden und soziale Einrichtungen, auch die Bewährungshilfe, die häufiger Kontakt mit Radikalisierungsprozessen haben, kommen als Ratgeber infrage.

Es finden sich ganz konkrete Fälle aus dem deutschsprachigen Raum, in denen Mitarbeiter großer Unternehmen zunächst auffällig wurden und später in Syrien wieder auftauchten, wo sie Menschen umgebracht hatten. Dass es solche Fälle gibt, zeigt die Notwendigkeit auf, dass das angesprochene Konzept des Beobachtens und des Bedrohungsmanagements systematisch und aktiv umgesetzt werden muss. Das Bedrohungsmanagement als ein Präventionsansatz im Radikalisierungsbereich gewinnt an Bedeutung. Allerdings muss der Ansatz auf wissenschaftlichen Faktoren basieren. Es darf nicht geschehen, dass aufgrund nicht fundierter Checklisten Menschen als radikal eingeschätzt werden, obwohl sie es gar nicht sind. Solche Beispiele zeigen deutlich, wie wichtig eine belastbare und fundierte Herangehensweise ist, die professionell, mindestens auf der Basis einer Fortbildung, geschieht. Denn sonst kann es zu einer Ausgrenzung Einzelner kommen, was schließlich einer möglichen Radikalisierung vielmehr Vorschub leistet, anstatt sie zu unterbinden.

In diesen Zusammenhang gehört ein Fall, der sich hinter dem bereits beschriebenen ersten Hinrichtungsvideo des IS verbirgt, in dem zwei deutsche Personen sich in deutscher Sprache an das Publikum gewendet haben. Eine dieser Personen war ein Auszubildender eines großen deutschen Unternehmens, bei dem anderen handelte es sich um einen bekannten Propagandisten aus der dschihadistischen Szene. Letzterer, ein Österreicher, war bereits wegen Anschlagsplanung verurteilt. Mohammed M. hatte einen Anschlag auf die Fußballeuropameisterschaft in Deutschland geplant und sich nach seiner Haftentlassung in Richtung Ägypten abgesetzt, von wo er weiter nach Syrien reiste. Dort wusste er sich offenbar gut darzustellen, sodass er vom IS als Propagandist für den deutschen Markt eingesetzt wurde, auch um ebensolche Videos zu produzieren.

In besagtem Video sprach M. in die Kamera, während der Auszubildende mit Vollbart und Kalaschnikow in der Hand neben ihm stand. Vor beiden saßen Gefangene auf dem Boden. Der Text der Videoansprache lautete sinngemäß: Brüder und Schwestern, unterstützt uns in unserem Dschihad. Angesprochen waren damit vor allem die Zuhörer und Zuschauer in Deutschland. Nach dem Ende der Ansprache traten beide Männer einige Schritte zurück, richteten ihre Kalaschnikows auf die Gefangenen und gingen wieder auf diese zu. Dann erschossen sie sie.

Diese Tat wurde in Syrien verübt, sie hätte aber genauso gut in Deutschland geschehen können. Sie zeigt, wie wichtig es auch in Unternehmen ist, derartige Entwicklungen eines Menschen zu registrieren und den Verlauf zu verfolgen. Wenn nämlich ein bereits radikalisierter Mensch wie in diesem Fall tatsächlich nach Syrien gelangt, ist er dort anderen und stärkeren Kräften ausgeliefert. Denn innerhalb des IS wird auch durch die vorhandenen Geheimdienststrukturen Paranoia aufgebaut, weil Einzelne im Zweifelsfall sehr schnell zum Feind erklärt werden. Dies bewirkt, dass manche allein durch den Druck der Gruppe zu Mördern werden. Wir sollten also agieren, solange ein Mensch noch in unserem Einflussbereich ist - dabei ist es wichtig, bereits für eine beginnende Krise eine hohe Sensibilität sowie adäquate Unterstützernetzwerke aufzubauen.

X

Nachwort

26

Die Angst vor dem Terror und der Umgang damit

Terrorangst ist in unserer Zeit ein verbreitetes Phänomen. Sie kommt in unterschiedlichen Momenten und Situationen auf, ist inzwischen bei vielen Menschen auf Festivals und Weihnachtsmärkten präsent. Wichtig ist, dass wir diese Angst, die wir spüren, akzeptieren und sie nicht einfach unterdrücken. Denn es handelt sich bei dieser Angst um nichts anderes als die normale Reaktion eines Menschen auf ein Extremereignis – auch wenn es nur medial miterlebt wurde.

Problematisch wäre es, wenn wir nicht versuchen würden, diese Angst zu verarbeiten. Wenn wir es zuließen, ständig an diese Angst zu denken, und letztlich womöglich kaum noch vor die Tür gehen und öffentliche Räume zu meiden beginnen würden.

Wenn sich die Angst eines Menschen über viele Wochen verfestigt, wenn ein Mensch bestimmte Orte nicht mehr aufsucht, wenn außerdem die Gedanken nur noch darum kreisen, was alles passieren kann – dann ist es sicher eine gute Idee, sich psychologische Unterstützung zu suchen. Denn durch eine psychologische Begleitung kann ein Mensch – womöglich mit relativ geringem Aufwand – in den Stand versetzt werden, derlei Ängste wieder hinter sich zu lassen.

Es ist indessen wichtig einzuräumen, dass die terroristische Angst gerade davon lebt, nicht kalkulierbar zu sein. Gibt es in einer Stadt ein gefährliches Viertel, von dem jeder weiß, dass dort abends oft Schlägereien in den Gassen oder Gaststätten stattfinden, kann der Mensch die Konfrontation dadurch verhindern, dass er schlicht nicht mehr hingeht. Terror dagegen hat zum Ziel, dass er jeden Ort mit Angst besetzt. Auch vor diesem Hintergrund sollten Menschen ihre Angst einerseits nicht überhören, sie sollten sich andererseits aber bemühen, sich nicht in eine Art von Angstkreislauf zu begeben. Man sollte sich nicht fortwährend mit Gedanken beschäftigen, was wohl geschehen würde, wenn jemand in unserer Nähe eine Bombe hätte.

Zugegeben, es gibt für das Verhalten kein Patentrezept. Es gibt aber das Bewusstsein für die beiden problematischen Wege: wenn Menschen immer nur über das nachdenken, was geschehen kann – oder wenn sie alles immer verdrängen. Mit einer offenen und stets auch neutralen Haltung können wir lernen, mit der Terrorangst umzugehen. Dass uns trotzdem manchmal die Angst und der Schrecken befallen, ist nichts Schlimmes, sondern eine vollkommen normale Reaktion. In solchen Fällen sind gemeinsame Aktionen von verschiedenen Teilen der Bevölkerung und ein reger Austausch hilfreiche, tröstliche und besänftigende Rituale, um sich einander anzunähern und diese Ängste nicht die Oberhand gewinnen zu lassen.

Über die Autoren

Nils Böckler ist Mitarbeiter am Institut Psychologie und Bedrohungsmanagement (I:P:Bm) in Darmstadt. Er berät Unternehmen und Behörden im Umgang mit Radikalisierungsprozessen und Gewaltandrohungen. Nils Böckler hat Erziehungswissenschaft und Psychologie studiert und war bis Juni 2016 Wissenschaftlicher Mitarbeiter am Institut für interdisziplinäre Konflikt- und Gewaltforschung der Universität Bielefeld. Dort forschte er zu Radikalisierungsprozessen terroristischer Einzeltäter und autonomer Zellen. Seit Februar 2017 sind Nils Böckler und das I:P:Bm Teil des BMBF Forschungsverbundes X-SONAR (»Extremistische Bestrebungen in sozialen Onlinenetzwerken«).

Weitere Interessen von Nils Böckler liegen im Bereich der Gewalt- und Jugendforschung. Hier hat er insbesondere zum Thema *School Shootings* gearbeitet und veröffentlicht.

Auf der Grundlage seiner Arbeit wurde er in verschiedene Expertenkreise zum Thema eingeladen, etwa bei der Friedrich-Ebert-Stiftung, dem Bundesfamilienministerium, der interministeriellen Arbeitsgruppe

Salafismusprävention NRW oder dem European Expert Network on Terrorism Issues.

Dr. Jens Hoffmann ist Kriminalpsychologe und ein international anerkannter Experte auf den Gebieten Ermittlungspsychologie, Risikoeinschätzung und Betrugsprävention. Er war mehrere Jahre an der Technischen Universität Darmstadt tätig. Zudem erhielt er Lehraufträge an fünf weiteren Hochschulen in Deutschland und der Schweiz.

Dr. Hoffmann ist Leiter des Instituts Psychologie und Bedrohungsmanagement (I:P:Bm), welches Fortbildungsveranstaltungen und Konferenzen ausrichtet. Das Institut ist auch in nationale und internationale staatlich geförderte Forschungsprojekte eingebunden.

In Deutschland, Österreich und der Schweiz hat er das psychologische Bedrohungsmanagement für Unternehmen und Hochschulen erstmalig eingeführt und dabei entsprechend Organisationen bei diesen Prozessen beraten und geschult.

Zudem ist Dr. Hoffmann Gesellschafter der Firma Team Psychologie & Sicherheit, welche Unternehmen, Behörden und Personen des öffentlichen Lebens berät und weltweit in der Fallarbeit tätig ist.

Er veröffentlichte zahlreiche Arbeiten in renommierten Fachjournalen sowie mehrere Buchpublikationen, darunter der Band *Fallanalyse und Täterprofil* (2000), welcher in der wissenschaftlichen Reihe des BKA erschienen ist.

Links:

- Institut Psychologie und Bedrohungsmanagement: www.i-p-bm.com
- Team Psychologie & Sicherheit: www.t-p-s.net
- www.facebook.com/bedrohungsmanagement

Quellen

I Der Fall Arid U.: Vom schüchternen Schüler zum erbarmungslosen Mörder

- Böckler, N.; J. Hoffmann & Zick, A..: »The Frankfurt Airport Attack: A Case Study on the Radicalization of a Lone-Actor Terrorist«. *Journal of Threat Assessment and Management* 2.3–4 (2015): 153–160.
- Leygraf, N.: »Zur Phänomenologie islamistisch-terroristischer Straftäter«. *Forensische Psychiatrie, Psychologie, Kriminologie* 8.4 (2014): 237–245.
- Weimann, G.: *New terrorism and new media*. Washington, DC: Commons Lab of the Woodrow Wilson International Center for Scholars (2014).

II Die Logik des Terrors

Wie Radikalisierung funktioniert

- Böckler, N. & Zick, A.: Wie gestalten sich Radikalisierungsprozesse im Vorfeld jihadistisch-terroristischer Gewalt? Perspektiven aus der Forschung. *Handlungsempfehlungen zur Auseinandersetzung mit islamistischen Extremismus und Islamfeindlichkeit. Arbeitsergebnisse eines Expertengremiums der Friedrich-Ebert-Stiftung. Molthagen, Dietmar (Hrsg.)* (2015): 99–122.

- Zick, A. & Böckler, N.: »Radikalisierung als Inszenierung«. *Vorschlag für eine Sicht auf den Prozess der extremistischen Radikalisierung und die Prävention. Forum Kriminalprävention, (3)* (2013).
- Zick, A.; Böckler, N.; Roth, V. & Stetten, L.: »Ultimative Identitäten und expressive Gewalt«. In: *Radikalisierungsmechanismen im Zuge von extremistischen Mehrfachtötungen und Attentaten an Schulen in Deutschland. Forum Kriminalprävention* (Vol. 2) (2016): 27–31.

Hass, der Motor allen Übels?

- Böckler, N. & Zick, A.: *Antisemitische Hetze im Internet und auf der Straße: Zur sozialpsychologischen Funktion des Hasses und zu Eskalationsfaktoren im On- und Offlinebereich.* Schwerpunktthema Antisemitismusbericht 2015. Zürich: Schweizerischer Israelitischer Gemeindebund (2016).
- Brown, R.: *Prejudice: Its social psychology.* John Wiley & Son (2011).
- Heitmeyer, W.: *Gruppenbezogene Menschenfeindlichkeit. Interaktionsprozesse im gesellschaftlichen Raum.* Nomos Verlagsgesellschaft mbH & Co. KG, (2011).
- Leuschner, V.; Böckler, N.; Zick, A. & Scheithauer, H.: *Attentate durch Einzeltäter: Zu Gemeinsamkeiten in der Tatentwicklung und der Tatsituation bei terroristischen Anschlägen und School Shootings.* In: Hoffmann, J.; Böckler, N. (Hrsg.): *Radikalisierung und extremistische Gewalt: Perspektiven aus dem Fall- und Bedrohungsmanagement.* Frankfurt am Main: Verlag für Polizeiwissenschaft (2017): 51–78.
- Levin, J. & Gordana, R.: *Why we hate.* Prometheus Books (2004).

Was Terror ist – Schrecken provozieren und Unterstützer mobilisieren

- Conway, M.: »From al-Zarqawi to al-Awlaki: The emergence and development of an online radical milieu«. *CTX: Combating Terrorism Exchange* 2.4 (2012): 12–22.

- Frindte, Wolfgang & Haußecker, Nicole (Hrg.): *Inszenierter Terrorismus: Mediale Konstruktionen und individuelle Interpretationen*. Springer-Verlag (2010).
- Kiefer, Michael et al.: *Lasset uns in sha'a Allah ein Plan machen: Fallgestützte Analyse der Radikalisierung einer WhatsApp-Gruppe*. Springer-Verlag (2017).

Was den Mobilisierungserfolg des sogenannten Islamischen Staates ausmacht

- Neer, T. & O'Toole, M. E.: »The violence of the Islamic State of Syria (ISIS): A behavioral perspective«. *Violence and gender* 1.4 (2014): 145–156.
- Reuter, C.: *Die schwarze Macht: Der »Islamische Staat« und die Strategen des Terrors – Ein SPIEGEL-Buch*. DVA (2015).
- Said, Behnam T.: *Islamischer Staat: IS-Miliz, al-Qaida und die deutschen Brigaden*. Vol. 6144. CH Beck (2015).

III Rekrutierung und Radikalisierung im Internet

Wie der Terror den Cyberspace erobert hat

- Böckler, N. & Allwinn, M.: Hate – Open Source: Das Internet als Kontext für kollektive und individuelle Radikalisierungsprozesse. In: Böckler, N. & Hoffmann, J. (Hrsg). *Radikalisierung und extremistische Gewalt: Perspektiven aus dem Fall- und Bedrohungsmanagement*. Frankfurt am Main: Verlag für Polizeiwissenschaft (2017): 97–124.
- Bouhana, N. & Wikstrom, P.-O.: *Al Qai'da-Influenced Radicalisation: A Rapid Evidence Assessment Guided by Situational Action Theory* (2011).
- Weimann, G.: »Lone wolves in cyberspace«. *Journal of Terrorism Research* 3.2 (2012).
- Weimann, G.: *Terrorism in cyberspace: The next generation*. Columbia University Press (2015).

Terrorakquise im Netz: Die Chatprotokolle

- Guadagno, R. E. et al.: »Social influence in the online recruitment of terrorists and terrorist sympathizers: Implications for Social Psychology Research«. *Revue internationale de psychologie sociale* 23.1 (2010): 25–56
- ***Grauen statt Idylle: Die Wahrheit gibt es erst zum Schluss***
- Steinberg, G.: *Jihadismus und Internet: eine deutsche Perspektive.* (2012): 94.

IV Mit wem haben wir es zu tun? Persönlichkeit und Terrorismus

Die Motivation des Violent True Believers

- Böckler, N.; Hoffmann J. & Meloy, J. R.: »Jihad Against the Enemies of Allah: The Berlin Christmas Market Attack from a Threat Assessment Perspective.« *Violence and Gender* 4.3 (2017): 73–80.
- Meloy, J. R.: »Indirect personality assessment of the violent true believer«. *Journal of personality assessment* 82.2 (2004): 138–146.
- Stern, K. & Herrmann, J.: *Andreas Baader. Das Leben eines Staatsfeindes.* München: dtv (2007).

Einzeltäter: Das Phänomen der einsamen Wölfe

- Hoffmann, J. & Roshdi, K. (Hrsg.): *Amok und andere Formen schwerer Gewalt.* Stuttgart: Schattauer (2015).
- Meloy, J. R. & Mohandie, K. R. I. S.: »Assessing threats by direct interview of the violent true believer«. *The international handbook of threat assessment* (2014): 388–398.
- Meloy, J. R. & Yakeley, J.: »The violent true believer as a ›lone wolf‹ – psychoanalytic perspectives on terrorism«. *Behavioral sciences & the law* 32.3 (2014): 347–365.

Ein kontrollierter Sonderling: Der Fall Anders B.

- Meloy, J. R.; Habermeyer, E. & Guldimann, A.: »The warning behaviors of Anders Breivik«. *Journal of Threat Assessment and Management* 2.3–4, (2015): 164.

V Terrorkarrieren

Deutsche islamistische Täter – Suche nach Orientierung und eigenen Wurzeln

- Srowig, F. et al.: »Junge Menschen und die erste Generation des islamistischen Terrorismus in Deutschland: Ein Blick auf Propagandisten, Reisende und Attentäter«. *Radikalisierung und extremistische Gewalt: Perspektiven aus dem Fall-und Bedrohungsmanagement* (2017).
- Dziri, B. & Kiefer, M.: »*Lasset uns in sha'a Allah ein Plan machen*«. Springer VS, Wiesbaden (2018): 23–57.
- Heerlein, A.: »Salafistische Moscheen: Ort des Gebets oder eine Brutstätte für dschihadistische Muslime«. *Gefährliche Nähe: Salafismus und Dschihadismus in Deutschland* (2014): 155–182.

Sich für den Dschihad empfehlen: Die Kofferbomber von Köln und Koblenz

- Nachrichtenüberblick zu den Kofferbombern von Köln und Koblenz: https://www1.wdr.de/archiv/kofferbomber/index.html

Auf in den Kampf: Was wir über die sogenannten Dschihad-Reisenden wissen

- Böckler N.: »Der sog. Islamische Staat und die Mujaheddin aus dem Westen: Radikalisierungsprozesse unter schwarzer Flagge«. *Die Polizei: Fachzeitschrift für die öffentliche Sicherheit.* (2016).
- Bundesamt für Verfassungsschutz (BfV), Bundeskriminalamt (BKA), Hessisches Informations- und Kompetenzzentrum gegen Extremismus (HKE). Analyse der den deutschen Sicherheitsbehörden vorliegenden Informationen über die Radikalisierungshintergründe und -verläufe der Personen, die aus islamistischer Motivation aus Deutschland in Richtung Syrien und den Irak ausgereist sind. www.innenministerkonferenz.de/IMK/DE/termine/to-beschluesse/14-12-11_12/anlage-analyse.pdf?__blob=publicationFile&v=2 (Zugriff: 06.01.2016), (2016).
- Csef, H.: »Faszination Dschihad. Was junge Deutsche beim IS suchen und finden«. *Journal für Psychologie 25* (1) (2017).

Frauen im Dschihad – wachsende Minderheit mit verschiedenen Rollen

- Csef, H.: »Faszination Dschihad Was junge Deutsche beim IS suchen und finden«. *Journal für Psychologie* 25.1 (2017).
- Mohagheghi, H. (Hrsg.): *Frauen für den Dschihad: Das Manifest der IS-Kämpferinnen.* Verlag Herder GmbH (2015).
- Strunk, K.: »Frauen in dschihadistischen Strukturen in Deutschland«. *Radikaler Islam im Jugendalter. Erscheinungsformen, Ursachen und Kontexte* (2013): 79–91.

VI Perspektivwechsel: Hass von rechts

Hasstaten mit rechtsextremem Hintergrund

- Röpke, A. & Speit, A. (Hrsg.): *Blut und Ehre: Geschichte und Gegenwart rechter Gewalt in Deutschland.* Ch. Links Verlag (2013).
- Zick, A.; Klein, A. & Melzer, R.: *Fragile Mitte-Feindselige Zustände.* Dietz (2014).

Der NSU und die Frage, was zuerst da war

- Busch, C:. »Die NSU-Morde-ein neuer Typ rechtsextremistischer Gewalt«. *Totalitarismus und Demokratie* 10.2 (2013): 211–236.
- Grutzpalk, J.: »Taten statt Worte. Fünf Thesen zum kommunikationslosen Terrorismus des NSU«. *Armin Pfahl-Traughber (Hrsg.): Jahrbuch für Extremismus- und Terrorismusforschung* 2012 (2011): 102–119.

VII Ein Blick zurück

Terroristische Einzeltäter sind keine Erfindung der Neuzeit – das Sisi-Attentat

- Demandt, B.: »Das Attentat auf Kaiserin Elisabeth von Österreich am 10. September 1898«. In: Demandt, A. (Hrsg.) *Das Attentat in der Geschichte.* Erfstadt: aera, (2004): 267–293.

- Lombroso, C.: »A study of Luigi Luccheni«. *Appleton's Popular Science Monthly* (1899): LV-11, 199–207.

Battle of Broken Hill: Auch islamistischen Terror gab es schon vor 100 Jahren

- Shakespeare, N.: »Dschihad im Outback«. *Lettre International*, 107 (2014).

- ***Austauschbare Hintergründe – von Dutschke bis heute***

- Chaussy, U.: *Rudi Dutschke. Die Biographie.* München: Droemer (2018).

VIII Das Phänomen der Nachahmungstaten

Vom Niemand zum bösen Helden: Charlie Hebdo und die Hintergründe

- Hoffmann, J.: »Unsterblichkeit durch das Label des Terrors – Zum Nachahmungseffekt bei radikalisierten Einzeltätern«. In: *Die mediale Inszenierung von Amok und Terrorismus.* Springer, Wiesbaden, (2016): 109–117.
- Hoffmann, J. & Roshdi, K. (Hrsg.): *Amok und andere Formen schwerer Gewalt.* Stuttgart: Schattauer, (2015).
- Meloy, J. R.: »Empirical basis and forensic application of affective and predatoryviolence«. *Australian and New Zealand Journal of Psychiatry, 40* (6–7), (2006): 539–547.
- Mullen, P.: »The autogenic (self-generated) massacre«. *Behavioral Sciences and the Law*, 22, 3 (2004): 311–323.
- Peter, E. & Bogerts, B.: »Epidemiologie und Psychopathologie des Amoklaufes«. *Der Nervenarzt*, 1 (2012): 57–63.

Bombenbasteln für Laien: Wie die Medien den Nachahmungseffekt verstärken

- Adler, L.: *Amok. Eine Studie.* München: Belleville (2000).

- Böckler, N., & Seeger, T.: *Schulamokläufer: eine Analyse medialer Täter-Eigendarstellungen und deren Aneignung durch jugendliche Rezipienten* (2010).
- Böckler, N. et al.: »School shootings: Conceptual framework and international empirical trends«. *School shootings.* Springer, New York, NY (2013): 1–24
- Helfgott, J. B.: »Criminal behavior and the copycat effect: Literature review and theoretical framework for empirical investigation«. *Aggression and violent behavior, 22,*(2015): 46–64.
- Hempel, A. G.; Meloy, J. R. & Richards, T. C.: »Offender and offense characteristics of a nonrandom sample of mass murderers«. *Journal of the American Academy of Psychiatry and the Law Online, 27* (2) (1999): 213–225.
- Meloy, J. R.; Hoffmann, J.; Guldimann, A. & James D.: »The role of warning behaviors in threat assessment: An exploration and suggested typology«. *Behavioral Science and the Law,* 30 (2012): 256–279.
- Meloy, J. R.; Mohandie, K.; Knoll, J. & Hoffmann, J.: »The concept of identification in threat assessment«. *Behavioral Sciences and the Law,* 33, (2015): 213–237.

Das Attentat am Olympiazentrum in München: Amok oder Terror? Wenn sich Skripte vermischen

- Quent, M.: »Ist die Mehrfachtötung am OEZ München ein Hassverbrechen?«
- https://www.idz-jena.de/fileadmin/user_upload/Gutachten_OEZ_M%c3%bcnchen_MQuent.pdf (2017).
- Kopke, C.: »Gutachterliche Stellungnahme: Amok, Attentat, Hasskriminalität? Überlegungen zur Bewertung des mehrfachen Mordes des David S.«. Abrufbar auf www.muenchen.de (2017).
- Hartleb, F.: »Rechtsextremistisch motivierter Einsamer-Wolf-Terrorismus statt Amoklauf: Eine notwendige Neubewertung der Morde am

Olympiaeinkaufszentrum München«. Abrufbar auf www.muenchen.de (2017).

IX Was bleibt?

Das Wesen des Terrorismus – und die Reaktion darauf

• Waldmann, P.: *Terrorismus: Provokation der Macht.* Murmann Verlag DE (2005).

• ***Wer ist der Nächste? Das Problem der Stigmatisierung***

• Logvinov, M.: »Ko-Radikalisierung:»Do not overreact-you′ ll just create worse problems«. *Salafismus, Radikalisierung und terroristische Gewalt.* Springer VS, Wiesbaden, (2017): 89–95.

Bedrohungsmanagement als Präventionsansatz in Unternehmen, Behörden und regionalen Strukturen

• Hoffmann, J.: »Bedrohungsmanagement und psychologische Aspekte der Radikalisierung«. In: Böckler, N.; Hoffmann, J. (Hrsg.). *Radikalisierung und terroristische Gewalt: Perspektiven aus dem Fall- und Bedrohungsmanagement.* Frankfurt am Main: Verlag für Polizeiwissenschaft (2017).

• Böckler, N.; Allwinn, M.; Hoffmann, J. & Zick, A.: »Früherkennung von islamistisch motivierter Radikalisierung. Vorstellung und empirische Validierung eines verhaltensbasierten Instrumentes zum Fallscreening«. *Kriminalistik.* In Press 8–9 (2017): 491–497.